名人励志传记丛书

名人励志传记丛书

达尔文传

Darwin

孙立军 主编

江西教育出版社
JIANGXI EDUCATION PUBLISHING HOUSE

图书在版编目（CIP）数据

达尔文传 / 孙立军主编. -- 南昌 : 江西教育出版社, 2018.10
（名人励志传记丛书）
ISBN 978-7-5705-0486-2

Ⅰ. ①达… Ⅱ. ①孙… Ⅲ. ①达尔文(Darwin, Charles 1809-1882)—传记 Ⅳ. ①K835.616.15

中国版本图书馆 CIP 数据核字(2018)第 201244 号

达尔文传
DA'ERWEN ZHUAN
孙立军　主编

江西教育出版社出版
(南昌市抚河北路 291 号　邮编：330008)
各地新华书店经销
三河市三佳印刷装订有限公司印刷
635 毫米×960 毫米　16 开本　12 印张　字数 110 千
2018 年 10 月第 1 版　2019 年 10 月第 2 次印刷
ISBN 978-7-5705-0486-2
定价：36.00 元

赣教版图书如有印装质量问题，请向我社调换　电话：0791-86706047
投稿邮箱：JXJYCBS@163.com　电话：0791-86705643
网址：http://www.jxeph.com

赣版权登字-02-2018-464

前言

乐观是希望的明灯，它指引着你从危险峡谷中步向坦途，使你得到新的生命新的希望，支持着你的理想永不泯灭。我能成为一个科学家，最主要的原因是：对科学的爱好；思索问题的无限耐心；在观察和搜集事实上的勤勉；一种创造力和丰富的常识。

——达尔文

1809年，被誉为“进化论的始祖”的著名生物学家达尔文出生在英国的普雷斯顿，他的祖父和父亲在当地都是很有名望的医生，因此他从一出生起，就被希望成为一名医生。然而，达尔文从小却对打猎、制作动植物标本、采集矿物等事情感兴趣。

在进入爱丁堡医学院之后，达尔文还是像之前一样，一有空闲时间就跑到外面的野地里去采集动植物标本，或者是去采集矿物。看着儿子在进入医学院后还是这个样子，父亲不得不做出妥协，希望他能够认真学神学，因为牧师也是一个“尊贵”的职业。

1828年，达尔文被父亲送到了剑桥大学，研习神学。可是，令父亲又一次深感失望的事情还是发生了。大学毕业后，达尔文放弃了待遇优渥的牧师职业。当年冬天，他以“博物学家”的身份登上了“贝格尔”号军舰——这艘军舰是英国政府组织的全球考察船。至此，达尔文如愿以偿，开始了自己一直很期待的环球考察之旅。

环球考察之旅，想象起来很美，但是真正开始这趟旅程之后才知道有多么的漫长和艰苦。但是，在艰苦的环境之中，达尔文并没有退缩，而是拿出百倍的热情去面对困难。在考察的过程中，他除了观察神奇的大自然以外，几乎每天都在思考相同的一些问题：世间万物到底是怎么变化的？他们之间又有什么样的关系？

“贝格尔”号的全球考察之旅总共经历了五年，先后经过了太平洋、印度洋、好望角以及多个国家，最后于1836年深秋时节回到了英国。在这趟漫长而又艰苦的全球考察旅程中，达尔文通过观察和研究逐渐明白了物种的进化过程。回国后，他又继续深入地研究，1842年，他写出了《物种起源》的提纲。1859年，即十七年后，他写成的那部震撼全世界的著作《物种起源》终于出版了。

《物种起源》可谓是一部划时代的科学巨著，它的出版标志着19世纪绝大多数有学问的人对生物界和人类在生物界中的地位的看法发生了深刻的变化。更为重要的是，《物种起源》奠定了进化论的理论基础，第一次把生物学建立在完全科学的基础上，以全新的生物进化思想推翻了“神创论”和“物种不变”的理论。

《物种起源》一书发表近十年时，达尔文的第二部恢宏巨著《动植物在家养下的变异》一书又出版了。该书在进一步阐述生物进化论观点的同时，也提出了物种的变异和遗传等重要论点。进入晚年之后，达尔文的身体一直不太好，但他还是坚持研究写作，又出版了《人类的由来》等多部享誉世界的著作。

1882 年 4 月 19 日，伟大的生物学家达尔文因病与世长辞，被厚葬于威斯敏斯特大教堂，而他的身旁，躺着的是另外一位大科学家——牛顿。

目录

前 言 / 1

第一章

令家族失望的孩子 / 1

出生于医学世家 / 1

一个贪玩的野孩子 / 4

进入爱丁堡大学 / 10

达尔文与小动物 / 16

第二章

“贝格尔”号的全球考察之旅 / 19

和亨斯洛一起散步的人 / 19

准备扬帆起航 / 24

出发吧，“贝格尔”号！ / 31

考察中的达尔文 / 46

到达自然界的天堂 / 52

一切比想象中的更困难 / 60

达尔文的思考 / 80

抵达新西兰 / 85

“贝格尔”号返回英国 / 92

第三章

回到自己的故乡 / 100

写一本关于物种起源的书 / 100

步入婚姻的殿堂 / 109

《物种起源的概要》 / 114

科学永远是第一位 / 120

第四章

划时代的理论“物种起源” / 128

关于《物种起源》 / 128

出版第二部巨著 / 135

一位炙手可热的博物学家 / 141

什么是“达尔文主义” / 145

人类是由低等动物演变而来的 / 149

第五章

老年时期的达尔文 / 163

百病缠身的老人 / 163

威斯敏斯特大教堂的葬礼 / 168

第一章

令家族失望的孩子

出生于医学世家

查尔斯·罗比特·达尔文出生在英国的普雷斯顿，这里距离伦敦 220 公里，离西海岸约 100 公里。而这个城镇被赛文河围绕、拥抱起来，温柔的就像母亲的怀抱。

达尔文在这个温柔的城镇里出生，他有很多时间和条件来接触大自然，或许就是这样温暖的小镇培养了他对大自然的热爱和向往，这对后来达尔文的成功创造了条件。

达尔文是家里的第五个孩子，他的祖父伊拉兹马斯·达尔文是英国著名的博物学家和医学家，而达尔文的父亲罗伯特·瓦尔宁·达尔文是著名学府爱丁堡大学医学院的高才生，也是普雷斯顿非常有名的医学博士，他在当地受到人们的尊敬和爱戴。

这位医生才二十岁就开始行医，一年以后就获得了莱丁大学医学博士学位。

不仅如此，他还获得了很多病患的信任。在诊治的过程中，达尔文博士发现很多患者在诉说自己病情的时候都会痛哭流涕，这严重阻碍了医生看病的进度，而达尔文博士并没有一味阻止病人哭泣，而是鼓励病人大声地哭出来，这样一来，病人反而不哭了，看病的进度也大大加快了。

正因为这样，病患们觉得博士不仅医术高明，而且还有善良、体贴的心，所以很多患者都非常喜欢和尊重达尔文博士。

达尔文的母亲苏珊娜则出身富家，但不幸的是，在达尔文八岁的时候，他的母亲就去世了。失去了母亲的达尔文和一个哥哥、四个姐姐一起长大，达尔文每次上学前都是二姐卡罗琳为他预备功课。

这个二姐就像是一个小大人一样，她把自己弟弟的每一件事都照顾得很好，尤其是弟弟的学业，但是这样一位细心的姐姐有时候也会变得很啰唆，每次二姐到自己房间里来的时候，达尔文都会担心自己是不是又有什么地方错了要被二姐说教了。

跟二姐不同的是达尔文的哥哥伊拉兹莫斯，他不会对达尔文的生活做出巨细无遗的关心和照顾，但是他却在很大程度上影响了达尔文。

伊拉兹莫斯对文学、艺术以及很多自然科学都非常有兴趣。在达尔文快中学毕业的时候，他的哥哥为了做化学实验，甚至在自己家的花园里建立了一个比较专业的实验室，里面还配备了一些仪器设备。

那个时候的达尔文看哥哥每天在所谓的实验室里鼓捣一些他不是很明白的东西，也常常跟在哥哥后面看哥哥做什么，渐渐他也对化学产生了浓厚的兴趣。

他们甚至还做出了各种气体和化合物，还认真地找了各种化学的书籍来研究和学习，这段时间，达尔文有很多的收获。

达尔文后来谈到这段经历的时候说：

“这是自己在中学时代受到的最良好的教育。”

达尔文全家住的房子是达尔文的父亲亲自建起来的，这幢房子位置非常好，不仅依山傍水，在房子的旁边还有一个种着各种花草和果树的花园，还有一条弯弯曲曲的小路通向远方。因为这条路常常有很多病患走过而求医，所以这条路叫作“医生路”。

这个小花园和“医生路”的两边对于儿童时期的达尔文来说就是天堂，他常常和妹妹凯瑟琳到这边玩，也正是因为这样的环境，让达尔文从小就非常喜欢亲近大自然，喜欢大自然中的一切。父亲在无意识的情况下为达尔文创造了一个非常适合接触大自然的环境，也在不知不觉中培养了达尔文亲近大自然的习惯。

一个贪玩的野孩子

每一位父母都希望自己的孩子能够继承自己的事业和心愿，达尔文的父亲也不例外。

达尔文的生活环境很优越，相对一般人而言，达尔文可以享受更加良好的教育，而且达尔文的父亲是一位饱学之士，所以他很明白知识的重要性。所以，达尔文的父亲一直很关注达尔文的学习情况。

从达尔文出生的那天开始，他的父亲就认为儿子应该继承自己的事业，甚至这个孩子可以做得更好，尤其达尔文从小就非常聪明，达尔文的父亲看着这个聪明的儿子越来越觉得自己是对的，儿子肯定能够凭借他的聪明才智在医学上有很大的成就。

而且达尔文的哥哥伊拉兹莫斯也已经在爱丁堡大学学习医学，这让父亲更坚定地让自己的孩子继承自己的专业。

但是达尔文并没有朝着父亲期望的轨道发展，而更像是一个野孩子，他每天跑到森林里玩，要么去池塘里抓青蛙、蝌蚪，要么就到小河边发呆，这样一个孩子更像是一个贪玩、不求上进的孩子。

达尔文的父亲看着这样一个整天只知道玩耍的孩子，恼怒地说道：

“你除了打猎、养狗、抓老鼠以外，无所事事。这样下去，会给自己及全家人丢脸。”

就算这样，达尔文还是没有改变自己，他依旧按照自己内心的兴趣和喜好成长。

达尔文六岁的时候和妈妈一起到城市公园里玩耍，这是达尔文最喜欢的事情了。

而这一天正好遇到了义务植树活动，这一次植树活动开启了达尔文对整个大自然的好奇，从那天起，他觉得大自然一切都很神秘和有意思。

那天达尔文的妈妈拿了铁锹挖好了坑，然后让达尔文用手扶着小树苗，然后给小树苗培土。

这个时候好奇的达尔文问妈妈：

“为什么要给小树培土？”

妈妈说：

“因为小树苗要有泥土才能长大，离开了泥土，小树苗就会死了。”

“可是，妈妈我问你，为什么小猫小狗不用培土呢？他们也会像小树一样死去吗？”

“小猫小狗是他们的妈妈生的，所以他们不需要泥土。”

达尔文又急迫地问妈妈：

“那我们人类呢？我们是从哪里来的，我们最早的妈妈是谁？”

那天达尔文的妈妈拿了铁锹挖好了坑，然后让达尔文用手扶着小树苗，然后给小树苗培土。这个时候好奇的达尔文问妈妈：“为什么要给小树培土？”

达尔文的妈妈觉得小孩子很容易糊弄过去，就说：

“我们最早的妈妈据说是夏娃，也可能是圣母玛利亚。”

不过这样还是无法抑制达尔文的好奇心，他继续问：

“那么夏娃和玛利亚又是从哪里来的呢？”

妈妈见达尔文又没完没了地问，便不耐烦地说：

“这谁都知道，是上帝造的！”

“可上帝又是谁造的呢？”

达尔文拉着妈妈的手，还是没完没了地问下去。

这个时候达尔文的妈妈才突然意识到，不能用一般的办法来糊弄这个孩子，自己甚至都回答不出来一个六岁孩子的问题。看着儿子期待、好奇、有神的眼睛，达尔文的妈妈说：

“亲爱的孩子，这个妈妈并不知道，世界上还有非常多的事情是大家都不知道的，所以妈妈希望以后你可以把这些大家都不知道的事情找到答案，通过自己学习的知识来解开一个又一个的谜团。”

这样的话对于六岁的达尔文来说似乎过于深奥，但是达尔文好像听懂了妈妈的意思。谁都没有料到，这样一个简单的植树活动和母亲的鼓励，让一个伟大的科学家开始了自己对科学的思考，这一点对后来达尔文成为世界著名的科学家，是相当重要的。

从六岁的达尔文身上可以看到，他是一个聪明的孩子，怀有强烈的好奇心，正是这一份好奇心让他可以时刻保持对科学世界的热情。

从那以后，达尔文更是专注于自己的兴趣爱好，他很喜欢收集各种植物、昆虫、贝壳、化石，甚至是硬币和图章。他越来越喜欢跟着哥哥一起到暖房里一块开始他的一些奇思妙想，开始做那些神奇有趣的化学实验。

达尔文七岁的时候被送到了一所私立小学学习，对于达尔文来说，这样的课程很乏味。这个小学里的教员只有一位牧师，他教给学生们的就是《圣经》。

达尔文对《圣经》没有丝毫的兴趣，他常常上课的时候偷偷地看《鲁滨逊漂流记》《世界奇观》等儿童读物，他觉得这些东西比起虚幻的《圣经》故事要有意思得多。

当达尔文升到中学的时候，他越发有主见，他很喜欢荷马、贺拉斯、莎士比亚、拜伦、雪莱等人的诗，他觉得这些人的诗歌充满了“无限的乐趣”。而达尔文最喜欢的是雪莱的作品，而雪莱是全世界最进步的革命人士，而这样的人自然会受到很多传统势力的排斥。

这所中学里的一位教士看到达尔文如此喜欢雪莱，每天都沉浸在雪莱的作品中，于是就教训达尔文：

“雪莱是一个不相信上帝、不敬重国王、不热爱祖国、诽谤政府、煽动造反的狂人。如果他生长在16世纪，他一定会像布鲁诺一样被活活烧死的。你现在快点放弃他的书，可能还有回头的机会。”

但是他这样的训斥并没有让达尔文放弃，他依旧每天沉浸在雪莱的诗歌中，这位教士甚至威胁达尔文说道：

“如果你还是这样，那么我将向校长建议，把你开除！”

但是，达尔文对于这样的威胁还是无动于衷，他甚至觉得被开除，离开这样一个死板、守旧的学校是一件好事。本来他还希望自己可以自动离校。但是校长并没有同意这位教士的建议——开除达尔文。

这样的教学环境，让达尔文觉得满足不了自己内心的好奇和渴望，就算他每天都阅读和背诵自己喜欢的诗歌和作品也还是觉得不够，于是他主动请了一位家庭教师教他学习几何，不仅如此，他甚至还扩展了自己阅读的范围，尤其对吉尔伯特·怀特的《自然史和塞尔波恩地区的考古研究》特别有兴趣。

从这本书中，他甚至对鸟类的生活产生了非常大的兴趣，所以他常常跑到鸟类聚集的地方观察各种鸟类，并且认真地做了笔记。

虽然达尔文对自己的兴趣爱好很认真，有自己的见解，但是却受到了自己父亲和巴特勒校长的反对。

这样的行为他们认为并不是一个专业人士应该有的行为，达尔文的行为并不符合他们对于专业人士的期望，所以他们把达尔文评价为“一个智力远在普通人之下平庸的孩子”。

对于达尔文来说，别人说什么不重要，只要能够做自己喜欢的事情就足够了。他还是每天都在大自然中玩耍，他甚至逃学，就为了躲避那些枯燥、虚幻的课程。

他宁愿跑到树林里看那些小虫子、小植物。但只是到树林里看已经满足不了达尔文的兴趣了，他还自己亲自动手养一些小动物，他尤其喜欢鸽子，所以他养了很多鸽子。

有一次这些鸽子很不友好地把屎拉在了达尔文父亲的头上，达尔文的父亲非常恼火，把达尔文训斥了一顿，并且严厉地告诉他：

"你整天这样游手好闲，以后有什么前途，为什么你就不能好好学习，然后继承我的事业呢？"

可是达尔文依旧我行我素。

而巴特勒校长对于达尔文和他哥哥在自己家暖房里建立的"化学试验室"也采取批评的态度，甚至在全校师生面前说达尔文是一个"不可救药"的学生。

进入爱丁堡大学

虽然对于达尔文来说，当医生并不是最佳选择，但他还是在1825年10月遵照父亲的意愿进入爱丁堡大学学习医学。达尔文的父亲希望儿子能够像他一样认真学习医学，毕业以后子承父业成为一名优秀的医生，但是达尔文的父亲还是失望了。

达尔文进入大学以后并没有按照父亲的意愿专心学习医学，而是和两个高年级研究水生生物的学生罗伯特·格兰特和约翰·科尔斯特里姆一起研究水生生物，达尔文好像突然找到了真正的朋友了，有共同的话题，也同样不喜欢医学。

很快，他们三人就形影不离，他们常常到海边采集水生动物的标本，甚至还和海边的渔民成为朋友，和他们一起出海打鱼，达尔文觉得很快乐。

这一切让达尔文原本打算放弃自己兴趣爱好，认真学习医学的想法改变了，他甚至不能强迫自己去学习医学知识，反而愿意花更多的时间和精力来学习他所感兴趣的生物学。

在大学中，各种各样的生物研究会、研究小组让达尔文对生物学的兴趣得到了巨大的提高，而且他不仅仅只是对生物学感兴趣，最重要的是他对于生物学有一种从未有过的认真态度。达尔文知道，这一切都是发自自己内心对大自然的热爱。

达尔文常常参加普林尼学生自然史学会（爱丁堡大学一个主要研究自然科学的学生组织）的活动，常常在这些活动上发言、提问。

1827 年 3 月 27 日，达尔文在普林尼学会做了两项报告，这两项报告是关于海洋生物的，他在非常简陋的显微镜下发现了前人的两个错误：

一个是板枝介的幼虫被误认为是借着鞭毛独立运动的板枝介

卵；另一个是海蛭卵衣被误认为是墨角藻幼年期球状体。

达尔文并不只是把这两项错误提出来，还将其写成了论文，这一切足以证明达尔文对生物学极度认真的态度，不仅如此，也证明达尔文在生物学方面的天赋。

从那以后，达尔文就成为普林尼学会的名人，接着他又被选为普林尼学会的书记。这一切让达尔文尝到了生物学给他带来的巨大的成就感，而这样的成就感也大大提高了达尔文研究生物学的热情。

相比起生物学，医学的课程在达尔文的眼里越发枯燥。而达尔文大学时的课程基本都比较枯燥，尤其是医学，他每天面对无数医学理论，而且老师们的授课方式又过于死板，很少会主动激发学生们的兴趣，所以达尔文比较害怕学习这样的课程。

达尔文不喜欢医学，不仅仅对课程不感兴趣，还因为他看到很多病人都没有办法摆脱病痛的折磨，而医生在面对濒临死亡的病人时却什么都做不了，这让达尔文对医学充满了疑问，医学是一门救人的学科，但却要眼睁睁地看着病人被折磨致死。

达尔文还看到了很多医院因为病人无法支付高昂的医药费而无情地把病人赶出医院，这一切都让达尔文对医学感到失望。但他还是没有勇气告诉父亲他很不喜欢医学，他不想学医的想法。

直到达尔文上大二，他们开始上解剖课的时候，达尔文的身体出现了极度的不适应。在面对已经进行过处理的尸体的时候，达尔文狂吐不止。

而解剖在医学课程上是必需的，也是基本的课程，但是对于达尔文来说，这简直就是折磨，尤其是在他知道了这些尸体都是爱丁堡那些穷人的时候，他更无法接受这样的教学方式，也没办法接受医学这样的学科。

最后他鼓起勇气告诉他父亲，他想要放弃医学，达尔文的父亲感到非常震惊，更多的却是失望，他没想到自己的孩子都已经开始走上了医学的道路，现在却要放弃，他不知道应该怎样接受，不过在经历了一个晚上的思想斗争以后，达尔文的父亲还是决定尊重自己的孩子，让孩子走自己的路。

不过虽然父亲答应了孩子的要求，但是从内心来说，还是接受不了。

得到父亲首肯的达尔文在 1827 年的时候结束了他的医学生涯，回到家中，达尔文是非常高兴的。

这一段时间对于老达尔文来说非常艰难，他希望能够帮助孩子走出一条可以成才的路，但是却又不知道应该怎样帮助他，他对达尔文的指导不得要领，越是这样他就越心急，最后把父子俩的感情弄得很糟糕。

老达尔文不知道应该怎样教育自己的孩子，于是去向自己的好朋友赫德先生（一位成功的纺织商人）请教。这位赫德先生对老达尔文的性格非常清楚，他知道跟这样一个倔强的人说再多的道理也是没有用的，与其这样还不如少说话。

他直接把一本《巨人传》递给了老达尔文，这本书里有一句话说的是：

“随心所欲，各行其是！”

老达尔文看到这一句话，非常生气，他原本是想自己的好朋友能站在自己的角度上去教育孩子，但是没想到好朋友居然帮着儿子说话。

这个时候赫德先生说：

“亲爱的朋友，不要总是以大人的姿态来教育孩子，这样的教育没有什么效果，不如和孩子站在一起，去看看、听听、想想孩子们到底在想什么、要什么，这样反而能够让您更明白孩子们的想法，也许那个时候你自然就能够接受他们的思想了，您是个想得通的人，您回去好好想想吧。”

老达尔文听了自己朋友的话以后，想了好久，于是他决定要多花一些时间来陪伴孩子，希望能够融入孩子们的世界。

所以老达尔文辞去了学校董事、医学公会秘书等职务，他希望自己能够有更多的时间来陪伴孩子。他知道达尔文喜欢动物，就常常带着孩子们去爱丁堡动物园玩耍；达尔文喜欢大自然中的一切，他就带着孩子去野外郊游、露营，甚至还接受了孩子们饲养的一些小动物。

渐渐地，达尔文把父亲当作了好朋友，当成了一个值得信任的人，而不是高高在上的父亲大人。

这一次，达尔文的父亲以朋友身份劝告达尔文，希望他去考剑桥大学的神学院，这样以后也能够做一名牧师，因为牧师非常容易找工作。

达尔文的舅舅乔塞亚·韦奇伍德也跟达尔文说，希望他能够成为一名牧师，因为很多有名的科学家都是神学出身，这样的话有足够的时间来研究自己喜欢的东西，像是哥白尼、布鲁诺等，他们都在科学领域有非常大的建树，最后达尔文同意了，因为他也想像哥白尼一样，从神学走向科学，他也坚信自己可以坚持自己的爱好。从此，达尔文按照自己的意愿开始学习了，他觉得非常满足。

1828 年 1 月，达尔文经努力考上了剑桥大学基督学院学习神学。这一次的学习并不像上次那样糟糕。达尔文虽然不喜欢神学，但是也不讨厌，而且神学似乎在生活中的每一个地方。

达尔文的阅历不深，他很快就接受了神学的课程，甚至他还在神学考试中名列前茅。

神学不像医学给达尔文很强烈的挫败感和失望，反而带来很多成就感，于是达尔文觉得当一名乡村牧师也不是一件坏事，这是达尔文最初的想法。

不过这仅仅只是达尔文一时的新鲜感，当他要面对每天三次祷告的时候，他感觉到了乏味，接着他的学业开始退步，再也不是那个名列前茅的达尔文。

于是他很多时间和精力都被他的兴趣爱好所占用了，他喜欢打猎，喜欢地质学和植物学，就是不再喜欢枯燥、乏味的神学。

后来，他干脆把大量的时间都用在阅读自然科学书籍和野外活动上。

渐渐地，他对神学彻底失去了兴趣，但是这并没有让达尔文在生物学上有很大的进步，甚至到后来，他自己也说他在剑桥的那三年学习神学完全是浪费时间。

达尔文与小动物

小时候的达尔文很喜欢小动物，他总是到大自然中看各种各样的小动物，不仅如此，就连玩耍的时候他也跟小动物们在一起。甚至有的时候他会把树上的鸟蛋拿下来，仔细研究小鸟是怎么孵出来的。

因为有这样的兴趣，所以他自己饲养过很多小动物，他会看它们是怎么吃东西的，怎么睡觉的，怎么长大的，这一切，对于达尔文来说都充满了强烈的吸引力。

这样的习惯和爱好一直延续到达尔文成年以后，1828年的一天，达尔文依旧像小时候一样到森林里观察各种各样的动植物。他在一棵很粗壮的大树上看到两只样子很奇怪的虫子，这两只虫子和他平时看到的很不一样，他想要看得更仔细一些，于是就伸手想要捉住那两只虫子。

达尔文很轻松地抓住了那两只虫子，两只虫子在他的手里动弹不得，达尔文正在仔细观察这两只虫子的时候，又飞来了一只黑色的虫子，这只虫子也是达尔文从来没有见过的。

于是他伸手想要抓住的时候发现自己的双手都已经没有空闲了，情急之下，他居然把手里的一只虫子塞到嘴巴里，然后又抓住了那只黑色的虫子。

但是嘴里的那只虫子却是一点都不安分，它在达尔文的嘴里动来动去，甚至在他嘴里分泌出一种又苦又辣的液体。

这个时候达尔文的嘴里已经是又苦又辣，但他还是坚持到把手中的小虫都安顿好了，他才把嘴里的小虫吐出来，然后兴高采烈地走了。

那只奇怪的小虫当时没有名字，于是后来的人就把这类昆虫命名为“达尔文”，以此来纪念达尔文对昆虫的研究。

还有一次，达尔文为了观察几只在树上的小鸟，居然好久站在树下一动不动，甚至有一只小松鼠以为他是一个木桩子，从树上溜下来跑到他的肩膀上玩耍。可是达尔文却还是没有任何反应，他还是呆呆地看着树上的小鸟。

虽然达尔文的很多行为在外人看来非常奇怪，但是达尔文的家人却非常支持他，尤其是后来态度转变的父亲，还会帮助达尔文喂养他从森林里捉回来的昆虫。

家人的支持和自己认真地、仔细地观察大自然的一些奇怪的自然现象，让达尔文获得很多有用的资料，为达尔文最后对昆虫进一步的研究，打下了基础。

第二章

“贝格尔”号的全球考察之旅

和亨斯洛一起散步的人

虽然达尔文自己也承认在剑桥大学学习神学的时候浪费了时间，但是达尔文并不是全无收获。在大学里他认识了很多有名的博士、教授，这些人知道达尔文对生物学有浓厚兴趣，于是都愿意带着达尔文参观各种各样博士的聚会。

在这段时间达尔文还参观了很多不对普通人开放的动植物园林，皇家园林等等。他在这段时间里看到很多品种稀有的昆虫，一旦看到没见过的昆虫，他就会把这些小昆虫带回家饲养起来。

但只是靠自己去抓的话很难获得一些难得、稀有的品种，于是他还研究出一些收集小昆虫的办法。

在这段时间达尔文还参观了很多不对普通人开放的动植物园林，皇家园林等等。他在这段时间里看到很多品种稀有的昆虫，一旦看到没见过的昆虫，他就会把这些小昆虫带回家饲养起来。

他请人把一些老树上的青苔刮下来，然后装在袋子里，小虫就会慢慢地从这些青苔里面跑出来；他还去找一些运送芦苇的船，主动去帮人家把垃圾清理了，在这些垃圾里，达尔文可能会发现很多不常见的小昆虫，达尔文就把它们收集起来。

这些虽然对于他以后的研究打下了一定的基础，但在整个大学期间，对他帮助最大，让达尔文工作能力更进一步的人却是亨斯洛教授，这是达尔文后来一再提到的。

这位教授和达尔文是在剑桥大学的公开课上认识的，每次达尔文完成了自己的必修课以后，就会跑去听塞治威克教授的地质课和亨斯洛教授的植物学课。虽然两门课程达尔文都很喜欢，但是他却常常去听亨斯洛教授的植物学课。

亨斯洛教授是剑桥大学著名的矿物学和植物学教授。达尔文很喜欢亨斯洛教授的授课方式，因为他的讲解总是很清晰，还会附上精美的图片，这一切让达尔文觉得非常有意思，也让达尔文大开眼界。

而亨斯洛教授还常常带着学生们去野外旅行，他还会把课堂搬到野外，只要在外面看到一些很罕见的植物或者动物，他就会停下来为学生们讲解好久。

亨斯洛教授不仅对植物认识全面，对很多化石也有深刻的认识。达尔文还没有进入剑桥的时候，他的哥哥就告诉过他亨斯洛教授是一个非常有才华的植物学家。

亨斯洛不仅在教学上很有一套，每周还固定邀请年轻的学生和一些年长的职员在他那里聚会，这样氛围轻松、自在的聚会不是为了娱乐，而是大家可以畅所欲言，相互交流，这跟剑桥很多协会性质相同。

通过这样的聚会，达尔文得到了很多人的认可，大家对达尔文这种对大自然的热情和执着感到十分惊奇，所以很多人都很喜欢达尔文，他们赞赏达尔文这样真挚的性格、灵敏的头脑。

因为受到大家的称赞，亨斯洛很快就注意到这样充满热情的小伙子，在和达尔文接触了以后，亨斯洛发现自己很喜欢这个小伙子，于是两人渐渐亲密起来。

甚至到最后两年里，亨斯洛每天都和达尔文在校园里散步。于是只要提起“和亨斯洛一起散步的人”，大家都会知道是达尔文，这让达尔文很开心。

亨斯洛可以说是达尔文的良师益友，他们俩不仅建立起良好的友谊，亨斯洛还在植物学、昆虫学、地质学、矿物学甚至是化学上对达尔文作出指导，他还在精神上给达尔文很多指导，每当达尔文有什么想不明白的地方，亨斯洛就会站出来指导他。不仅这样，亨斯洛还常常介绍一些有学识的博士、学者、专家给达尔文认识，这对达尔文以后的发展有非常大的帮助。

由于亨斯洛是一位比较全面的生物学家，所以他深深地影响了达尔文。达尔文觉得自己要学习好生物学，就要认真研究相关的各个知识领域。于是他开始研究地质学，不过在他看了很多英国地质学的书籍以后，他发现人类对于地球的结构认识非常少，于是他自己自制了一张彩色的什鲁斯伯里的地质图。

这张图让亨斯洛很惊讶，他甚至感叹达尔文如此敬业，于是他推荐达尔文跟地质学家塞奇威克到北威尔士考察。

达尔文的这次旅行让他学会了怎样发掘和鉴定化石，还掌握了如何理解一个地方的地质的方法。这一切都是在和塞奇威克教授一起考察以后回来学会的，这些对达尔文终身受益。

达尔文对科学的热情越来越高涨，他觉得自己看到了一条光明大道。随后，他就选修了亨斯洛教授的植物学课，而亨斯洛教授灵活有趣，常常把枯燥的课本知识融入到大自然中，于是他的教学特别生动有趣。这让达尔文对科学产生了比之前更加浓厚的兴趣，也让达尔文在很多时候觉得自己的才华是被肯定和发现的。

在剑桥的时候，达尔文不仅收获了一位良师益友，还有大量自由时间来进行阅读，其中有两本书让达尔文对一些新的事物产生了巨大的兴趣，一本是天文学家约翰·赫瑟尔的《自然哲学的初步研究》，另外一本是亚历山大·洪保德的《美洲旅行记》。

尤其是《美洲旅行记》这本书让达尔文爱不释手，书中描写了很多达尔文从来不曾见过的风景，这让达尔文很向往，书中描写了很多西海岸的风景，还写过一种树，叫龙血树，说它每天都开花结果，所以总是青春永驻。

他看到有这样一种神奇的树，于是非常想到现场看一看这是一种什么树，后来为了知道怎样到达美洲，他曾经想要去认识一位伦敦商人，可惜最后还是没有实现。

不过达尔文对于《美洲旅行记》的评价非常高，他觉得这本书描写得非常好，同时开阔了他的视野，让他知道在地球上还有这样一片神奇的热带雨林，风景如此美妙。

同时，书中描述的各种植物也让达尔文产生了浓厚的兴趣，达尔文觉得只要找到这些植物，就一定能够对自己的植物研究提供很有用的数据。

准备扬帆起航

1831 年，达尔文从剑桥大学毕业。这一年，他受到亨斯洛教授的推荐和地质学家亚当·塞奇威克一起外出考察岩石的形成。

8 月 29 日，当达尔文回到什鲁斯伯里的家时，达尔文收到了让他惊喜的两封信，这两封信一封是来自伯乐亨斯洛，另一封信则是来自剑桥大学的一位地质学家乔治·皮科克。让人意外的是，这两封信都是说希望能够邀请达尔文一起做环球旅行。

原来是英国政府打算对南美洲的海岸线和一些太平洋岛屿做一次勘测，于是就邀请了地质学家皮科克，并且答应让他推荐一位随行人员，这位随行人员必须是一位博物学家，他的任务就是在陆地上观察、记录和搜集所有可能有意义的东西。

皮科克接到这个任务的时候就向亨斯洛请求推荐一位这样的人，亨斯洛马上想起自己的好徒弟达尔文，于是他马上把达尔文的名字上报给了海军部，而海军部也答应了。

接下来达尔文又同时收到了两封信，其中一封是亨斯洛来的，他在信中详细地跟达尔文介绍了具体情况，他们乘坐出海的船叫作“贝格尔”号，他的舰长叫作费茨罗伊。另一封信是一位舰长来的，这位舰长已经打算让出舰长房间的一部分给达尔文，只要达尔文能够自费担任“贝格尔”舰的自然科学家。

这位舰长也是一位年轻人，所以希望能够有一位年轻的室友一起航行。而且这次航行的时间是两年，也就是说达尔文可以用两年的时间去观察这个世界，这对达尔文来说简直就是一件非常美好的事情，达尔文已经跃跃欲试了。

但是达尔文也很奇怪，自己只是一个靠着兴趣学习这些知识的新人，为什么海军部能够答应让自己一起去考察呢？不过这已经不重要了，重要的是自己能够实现很久以前的梦想，到美洲看看那些奇怪的植物。

达尔文恨不得立刻告诉亨斯洛他会答应前往，可是他想到还有自己的父亲，如果父亲不答应的话，自己是否就必须放弃这一次千载难逢的机会呢？

果然，在达尔文和父亲说起这件事的时候，父亲坚决反对，因为他觉得达尔文花费两年的时间去环游世界对他成为一名牧师并没有什么帮助，而且达尔文从来没有出过海，谁都不知道他是不是能够适应海上的生活，而且这需要两年的时间，达尔文甚至没有充分的时间去准备。

不过看着儿子那么期待的眼神，他最后说了一句话：

“要是你能够找到任何一位有见识的人认为你也应该去，那么我会答应你的要求。”

达尔文看到父亲这样坚决的反对，自己也不忍心违背父亲的意愿，于是他晚上无比难过地写信给亨斯洛拒绝了他的邀请。第二天，达尔文就去了舅舅家，那个时间正好是猎取鹧鸪的季节，既然失去这样一个绝佳的机会，他再也不想失去打猎的机会。

到了美尔堂的舅舅家，达尔文把自己受到邀请的事情告诉了舅舅乔塞亚·韦奇伍德。让达尔文感到意外的是，舅舅并不像父亲一样坚决反对，他认为这是一次非常好的机会，达尔文可以在这一次旅行中收获很多东西，舅舅决定要采取些行动。

为了能够让达尔文参加这次世界旅行，舅舅乔塞亚·韦奇伍德带着达尔文一起回到什鲁斯伯里，去劝服达尔文的父亲，此时的达尔文异常地高兴。

当舅舅出现在父亲的面前，并且说支持达尔文去参加“贝格尔”舰环球旅行的时候，父亲居然还是不答应，他认为达尔文如果真的去参加环球旅行，那么就是在做一些不务正业的事情，如果这样，那么达尔文很可能就做不了牧师了。

这个时候达尔文诚恳地告诉父亲说：

“我最大的愿望是能够探索大自然的奥秘，如果能够实现，我愿意承受漂泊流离的人生，因为我可以在我所喜欢的事情中找到幸福。”

老达尔文看着这个一直很顽皮的儿子，他内心也在犹豫，他似乎想答应孩子，但是又怕儿子以后生活得不好，正在犹豫的时候，达尔文的舅舅开口劝说，达尔文的父亲终于同意了，因为父亲说过只要有一位有见识的人能够支持达尔文，他就会同意，而舅舅在父亲心中就是世界上最有见识的人。

父亲没有办法反驳乔塞亚，他知道乔塞亚说得有道理，但是他内心还是不愿意让达尔文去参加什么航海。

这个时候达尔文非常感谢父亲的理解，他想要对父亲说句谢谢，但是似乎又不够分量，于是他向父亲承诺说：

“请您放心，我以后将会改掉上学时挥金如土的毛病，等开始航行的时候，我一定严格控制自己花钱的数量，一定控制在父亲允许的范围内。”

面对儿子信誓旦旦的承诺，老达尔文只是淡淡一笑，因为他根本不相信挥金如土的孩子真的能够有所收敛，节约用钱。

虽然父亲还是不太愿意让儿子出海航行，但是既然答应了儿子，他只好去为孩子收拾行李，尽量帮他准备一切可能用到的东西，因为儿子从来没有出过海，他还是很担心达尔文是否能够适应，父亲此时还是在为达尔文捏一把汗。

在收拾好行李之后，达尔文就动身去伦敦跟“贝格尔”号的舰长会合。9月5日，达尔文来到了伦敦，见到了“贝格尔”号的舰长罗伯特·费茨罗伊。费茨罗伊非常希望有一位年轻的随行者，所以他见到达尔文的时候非常高兴，他觉得亨斯洛推荐得非常好。

这位舰长虽然才二十三岁，但已经是航海老手了，他曾经多次带着舰队到外面进行考察工作。他个子不高，因为常年在海上漂泊，所以皮肤比较黑，但是他长得非常英俊，在他的身上能够看到那青年人对事业追求的热情。

这位舰长是一位狂热的拉伐特尔信徒，他坚信可以根据一个人的相貌来判断这个人的性格特征。

所以在看到达尔文鼻子的时候，他有些怀疑拥有这样鼻子的人是不是能够有坚定的信念和毅力来完成这次旅行。不过最后舰长发现达尔文是一个热情、善良的年轻人，最终改变了舰长对达尔文的印象。

而达尔文见到费茨罗伊的时候就很喜欢他，因为费茨罗伊总是彬彬有礼，而且做事的时候直率、坦诚，这让达尔文觉得他是一个很有修养而且很容易相处的人。

费茨罗伊在还没有开始航行的时候就告诉达尔文，这次航行达尔文可以随便拿自己的书籍去看，也可以使用他自己船舱里的东西，只不过食物却单调一些，而且不能够喝酒。还有，船很狭小，但是他希望自己能够有一个单独的舰长室，这样可以让艰苦的航行有一个比较好的空间。

当他把这一切困难都摆在达尔文面前的时候，他希望达尔文考虑清楚，因为一旦出海就不能回头了，如果克服不了这些困难，那么达尔文只好回家了。

费茨罗伊舰长说，这次航行要共同经历很多困难，如果不能够达成协议，一起渡过难关的话，那么这样的航行他是很难接受的。原本他以为达尔文会打退堂鼓的，没想到达尔文居然答应一定会克服所有的困难。

然后他们又开始谈论这次考察的路线和能够从这次旅行中得到什么样的收获。费茨罗伊觉得他们这次旅行会非常艰难，所以希望达尔文能够把需要准备的东西都准确齐全，这样能够减少在大海中航行可能遇见的麻烦。而达尔文也请教了很多旅行家，把航海时需要准备的东西列成清单，然后就开始采购。

而对于自己的行李，费茨罗伊舰长劝达尔文要减少开支，少买一些东西，而达尔文也想起来自己答应父亲的事情，这也是达尔文早就考虑到的，于是就只简单地带了几件衣服、一个望远镜、一个指南针、一些书籍、显微镜和指南针。

直到 1831 年的 10 月，达尔文才见到了“贝格尔”号，这是一艘老式的二桅方帆军舰，但是因为使用时间过长，所以比较破旧，于是要对这艘舰艇进行改造。

为了能够保证舰船安全，他们所用的修复材料都是最好的，船员们忙着为这艘舰艇上油漆并做修补。

当达尔文看到这艘舰艇的时候，内心有点小小的失望，他没想到“贝格尔”号会这么小，小到甚至可能需要把自己缩在一张小床上就不能动弹了。

这一次达尔文不止见到了“贝格尔”号，还见到了和他们一起出海的其他船员，这些船员都是一直跟随费茨罗伊舰长出海的船员，他们都愿意再次跟着舰长一起出海，于是他们在一张大桌子上开始绘制海图，开始了出海前的准备工作。

和达尔文一起出海的除了费茨罗伊舰长以外，还有两个尉官——季·韦克姆和布·谢利万，一名医生，十名军官，一名水手长，四十二名水兵和八名少年见习水手，一个专门看仪表、天文钟和其他仪器的人，一位美术家和一名绘图员，一位传教士和三位火地岛人，真可谓人员众多，各有各的工作岗位。

在等待“贝格尔”号修理的这段时间，达尔文和大家渐渐熟悉起来，他们常常一起用餐，或者一起做一些磁性的观测，只有在天气不好的时候，达尔文才会自己一个人在家看看书什么的。

在近一个多月的等待中，11 月 12 日，“贝格尔”号终于准备就绪，只要天气允许，就可以随时起航。可是没想到那几天逆风一直刮个不停，让原本打算马上起航的“贝格尔”号就一直停靠在码头上动弹不得。

虽然糟糕的天气让出海的时间一拖再拖，但是却给达尔文很充分的时间准备，利用这段时间他请教了很多曾经出海考察的人，充分的准备了很多的事情。

不仅仅只是物质上，还有心理上，他已经做好面对一些困难的准备。后来他在航行途中的信中写道：

“我们在普利茅斯所经历的一切遥遥无期的等待是非常有益的，因为我认为在做自然史等方面的采集和观察工作的那些人中，没有人比我准备的更好了，我真的感谢能有那样的一段时间。”

终于在 12 月 27 日上午 11 点，“贝格尔”号起锚出海了，这一天天气非常好，于是达尔文和“贝格尔”号终于开始了环球航行。

出发吧，“贝格尔”号！

达尔文出海的第一天风平浪静，“贝格尔”号以每小时 13 公里到 15 公里的速度前进，这一天达尔文很兴奋，这是他第一次在大海上过夜，不过让他觉得比较不舒服的是，“贝格尔”号实在太小了，虽然他住在一间光线非常好的房间，可是这个房间非常狭小，而且他还是和斯托克斯合住，房间里除了可以放下一张绘图桌以外什么都放不了，而旁边狭长的过道就是达尔文唯一可以活动的地方。

于是他拿着渔网摇摇晃晃地走到甲板上，把渔网挂在船尾下面，捕捉海里的鱼类。没过一会，渔网里就装满了各种鱼，达尔文把他们都拖到甲板上来。

达尔文的床就在这张绘图桌的上面，而斯托克斯的吊床在绘图桌的另一边。这张绘图桌必须是斯托克斯和达尔文一起使用，因为房间里实在放不下另外一张桌子了。

虽然这样，达尔文还是睡了一个好觉，他觉得自己现在很充实，正在努力向着他所希望的方向前进。

可是到了第二天，海上的天气突然起了变化，平静的海面一下子变得风高浪急了。第一天还觉得很舒服的达尔文这次却受不了了，身体随着摇摇晃晃的船摆动，达尔文觉得自己胃里的东西也在摇晃，然后很快就全都吐了出来。

那种感觉就像是有人用棍子扯自己的胃一样，达尔文被折磨得有气无力。

水兵看着这个第一次出海的人，很同情他，于是建议他躺到床上休息一下，这样会舒服一些。可是达尔文却觉得这种时候正是捕捉海里生物的时候，如果自己这样一直躺着，那么还环游世界干什么。

于是他拿着渔网摇摇晃晃地走到甲板上，把渔网挂在船尾下面，捕捉海里的鱼类。没过一会，渔网里就装满了各种鱼，达尔文把他们都拖到甲板上来。

这个时候，负责“贝格尔”卫生的韦尔姆上尉看到以后非常不高兴，因为达尔文把那些鱼都摆在甲板上，让甲板上变得很脏，而且还发出一阵阵的腥味。

但是不管他怎么说，达尔文也不同意把这些鱼清理掉，可是达尔文也不能这样不顾别人的感受。于是他只好把这些鱼都用自己的办法制作成标本。船上的其他人都觉得达尔文是一个神经病，把那些不值钱的鱼竟当成宝贝一样。

为了能够及时记录这些鱼的资料，达尔文一边忍受着晕船的痛苦，一边认真记录着这些鱼的特征。不止这样，他甚至还爬到桅顶上抓一把粘在风向旗上的熔岩灰，然后又歪歪斜斜地朝自己做科学试验的工作室走去。

舰长觉得达尔文真的很有毅力，又很奇怪达尔文拿一把灰回去干什么，于是就跟着达尔文进了他的工作室里，这个时候他看到达尔文一只手死死按住自己的头，另一只手则摆动着显微镜，他一边看一边还念念有词地说：

“这里面有好多动物，都是南美洲吹来的！”

这个时候舰长也不得不佩服这个像神经病一样的人了。

达尔文晕船持续了一周，在他晕得很厉害的时候，他甚至不能够好好站起来，要不就躺在吊床上看书，要不就躺在沙发上跟舰长聊天，他希望这样可以转移一下自己晕船的注意力。他晕船厉害的时候哪都去不了，甚至都不能再上甲板上看看风景，吹吹海风。

一周以后，达尔文渐渐适应了这种晃动的生活，晕船的感觉也逐渐消失了。不过接下来“贝格尔”号却被隔离起来，任何人都不能上岸，这是有原因的。

这时候“贝格尔”号驶向特内里费岛，当他们快要到达圣克鲁斯镇的时候，却从圣克鲁斯镇驶出一艘小船，小船上面的一位执政官说欧洲现在发生可怕的霍乱，所以任何人都不可以上岸，以免被传染，必须要等十二天以后。

大家都觉得很不高兴，因为这样的话，他们就必须在船上待十二天，什么事情都做不了。舰长费茨罗伊觉得这样浪费十二天的时间很不值得，于是就下令启航，到下一个地方去。但是达尔文却非常失望，他很希望可以上岸看看自己一直向往的特内里费峰。

不过，接下来的航行却让达尔文感受舒服一些了，因为这时海上的天气好多了，他也不用每天遭受晕船的折磨，于是他可以好好地欣赏海上的风景，也可以专心看一看刚刚出版的赖尔的《地质学原理》，这是一段难得的好时光。

在经过将近一个月的航行以后，“贝格尔”号在佛得角群岛的一个圣地亚哥岛停了下来，船员们都下船去观测海水的流向了，而达尔文既高兴又害怕，高兴的是自己终于可以到书中所描述的热带地区看看这些热带风光了，可是他又害怕岛上的风光不像书中描写的那样。

不过最后他还是带着舰长派给他的助手登上了圣地亚哥岛，他们打算到山上去采一些岩石标本。

当他们上岸看到那些风景的时候，达尔文觉得一切磨难都是值得的。他看到了比书中描述的还要美丽的风景，看到了很多只有书中才会出现的鸟类。他看着岛上的一切都非常新奇，都想带回去，光是石头他就挖了满满的一背包。

助手看着行走吃力的达尔文不解地问：

“达尔文先生，这些石头有什么用，为什么要费那么大的力气背到船上去。”

这个时候达尔文像是看着宝贝一样看着这些石头，他说：

“这些石头是分层的，它们的颜色不一样，每一层都有不同的动物和植物，也就是说，只要知道它每一层里的动物骨骸是什么，就可以知道不同年代的生物都是些什么，他们是在告诉我们以前的故事。”

这个时候助手才明白达尔文的用意，于是他也很用心帮助达尔文寻找一些有动物化石的石头。当达尔文把这些石头都带上船以后，就开始给他们贴上标签了，写下详细的记录。他甚至觉得就算不睡觉也要尽快把这些东西记录好，否则时间一久就可能忘记一些细节，可见达尔文的工作态度是多么认真。

“贝格尔”号在这座岛旁停留了三天，这三天达尔文都在岛上面挖石头，他非常兴奋，这些石头都是宝贝。虽然只有三天的时间，但是达尔文却很好地利用了这三天里的每一分每一秒，他欣赏了岛上的热带风光，并且采集了非常多有研究价值的岩石，这三天对达尔文来说收获是非常丰富的。

随着考察的深入，达尔文的脑子里渐渐出现了很多疑问，为什么世界上会有这些奇花异草？人是如何来的？他们为什么会变化？这些变化到底有什么联系？这些疑问让他对于在神学院学习的神学知识产生了怀疑，如果一切都是神创造的，那么为什么人还会变化？这种怀疑整天都在他脑子里，甚至吃饭睡觉都在思考这个问题。

当“贝格尔”号继续前进的时候，他们行驶到了一个叫作费尔南多蒂诺罗尼亚的小岛上，这是一个火山岛，所以岛上的风光和达尔文之前见到的都不一样，岛上长满了茂密的树林，还有热带才可能出现的香蕉树和芭蕉树，还有金合欢和罗望子，最奇怪的是还有柑橘树。

虽然这些植物达尔文都见过，但是它们却比达尔文见过的更加美丽，更加让人着迷，甚至它们树叶的颜色都要比一般温室中的植物颜色要美丽很多，而且这些树上都长满了果实。

这个岛上的温度非常高，无论是白天还是晚上，都能够感受到如同火炉一样的气温。这个岛上的一切对于达尔文来说都非常有意思，甚至会让人觉得以前看过的风景和植物都没有任何的美感可言。

达尔文完全沉醉在其中，这个时候他更加觉得自己坚持参加这次环球旅行是非常值得的，想到这里，他高兴起来了。

“贝格尔”号在经过漫长的行驶之后终于到达了他们计划中的第一站——巴伊亚。

巴伊亚是巴西的一个地方，这里有茂密的热带雨林，地上有很多不知名的草铺满了道路，甚至都不能看到泥土的样子，而且很多时候这些地方完全没有人，几千里的地方没有人的声音，这种安静的环境不是一般人可以接受的。

不过这一切对达尔文来说是再好不过的，他可以在毫无打扰的情况下进行研究。他采集了很多漂亮的陆生扁平软体多肠目的化石，并且研究他所见到的奇异昆虫。

但是他对这个热带雨林中的蝶类非常有兴趣，他发现很多蝶类居然可以把双翅展开成平面，然后再在陆地上奔跑，并且伴随着啪啪的声音，这种蝶类行走现象跟他以前所见过的蝶类很不一样，达尔文非常惊奇。

他通过研究还发现，里约热内卢附近的甲虫和美国附近的甲虫不是同一个科。只不过美国的昆虫学家收集的都是一些大的品种，而达尔文这次就尽量收集到一些小的品种，两种甲虫比较之后，这样对他的研究方向会很有帮助。

在达尔文看来，无论是什么样的昆虫，只要他发现它们有不一样的习性的时候，他就会兴奋不已。有一次，他看到一只蜘蛛被一群大黄蜂蛰得半死，等蜘蛛死了以后，它们就把蜂卵产在蜘蛛的体内，这样一来，黄蜂的幼虫就可以在一出生有充足的午餐。

达尔文觉得这样的繁衍方式很奇妙，因为他一直没有发现这个世界上的生物具有那么奇怪的生存方式。

“贝格尔”号虽然一直漂泊在海上，但是他们的生活还是和在自己国家一样。4 月 1 号的时候，大家开起了愚人节的玩笑。他们互相愚弄，有的把熟睡的人叫起来，然后让他们面对一些没发生的事情，这一天有的人被愚弄，有的人很开心。

而达尔文自然是被愚弄的那一个，船员们知道应该怎么骗达尔文他会深信不疑。他们把正在睡觉的达尔文叫起来，跟他说：

“你快来看，海里游来一种动物叫作逆戟鲸，真是难得一见啊！”

达尔文一听，穿着睡衣就跑到甲板上去看所谓的逆戟鲸，谁知道当他探头去看的时候，大家笑成一团，这个时候他才知道自己被大家骗了。

达尔文在巴西的内陆考察进行了两个星期，收集了很多很多有用的东西，但是因为东西太多了，所以他就打算运往博托福戈。可是没想到的是，当船靠岸的时候，一个浪头打过来，达尔文的书籍、仪器都被打湿了，不过值得庆幸的是，虽然很多东西都湿了，但是这些收集来的宝贝却没有任何的损失。

于是他不得不放弃运送东西的想法，把湿了的东西重新晒干。然后他又不眠不休地把自己在巴西内陆考察的记录重新整理起来。然后才把所有的东西都运到博托福戈，然后他们在那里住了两个半月。

在这两个半月里，达尔文住在科尔科瓦多山麓上，科尔科瓦多山有 680 多米高，而且这座山呈现出一种锥形的形状，所以半山腰上总是会出现一种烟雾缭绕的感觉。

达尔文很喜欢这种环境，他白天就到外面去考察、收集样本，到了晚上，他就开始伴着很多小昆虫的叫声给朋友和家人写信，告诉他们自己现在的状况。有的时候，他也会阅读一些关于考察的书籍打发时光。

但是生活不会总是像这样悠闲，尤其是遇到疾病的时候，人类总是显得束手无策。一直生活在温带的欧洲人到达热带以后总是很容易患上传染病，其中一种叫作“热病”的传染病让船上的三个水兵都丢了性命。

这种病很厉害，只要染上三四天，那么病情就会加重，然后人就会死亡，这是多么可怕。

为了不让这种传染病在“贝格尔”号上感染下去，他们离开了巴西，虽然还有很多地方没有去考察，但是他们也不得不放弃。“贝格尔”号继续向着气候温和的地方行驶，达尔文在度过了一段不晕船的旅程之后，又重新被突如其来的暴风雨和澎湃的海浪弄得晕船了。

在海上这段晕船的痛苦时光里，唯一能够慰藉达尔文的只有突然出现在海面上的逆戟鲸，还有口齿锋利的抹香鲸，以及有“开普小格子”的小海燕。

没过多久，“贝格尔”号就进入了一个奇怪的海湾，这个海湾里的水虽然不像大海上那样波涛汹涌，但是它的水却是又脏又红。

这个海湾叫作里约的拉普拉塔，达尔文很看重这些很神奇的东西，看见这些景色，觉得自己在海上的痛苦非常值得。

7 月 26 日，“贝格尔”号再次停泊在蒙得维的亚海湾，这一次达尔文没有停留一分钟，他马上下船，然后就开始对当地进行考察。

为了可以更快速更准确地了解当地情况，达尔文直接去问当地高楚人这里有些什么样比较特殊的动植物。当地高楚人说：

“这里的鸵鸟总是雌鸟集体下蛋，然后再由雄鸟来孵化，此时雌鸟又到另外一个地方去集体下蛋。”

这让达尔文觉得很兴奋，因为他又可以去探索大自然的奥秘了。于是他带着助手走进了无边无际的沙漠，找到了高楚人说的那种鸵鸟，然后就躲在一边很仔细地观察起这些鸵鸟来。沙漠中的观察可不是简单的一件事，他们要面对烈日、脱水，还有昼夜之间巨大的温差。

助手没多久都坚持不住了，但是达尔文像是一个小孩子对某件玩具着迷一样，他很专注地观察那些鸵鸟，经过多日不间断地观察，最后他终于如愿地找到了答案。

因为这个地方实在太热了，而这些雌鸟们三天就可以下一个蛋，它们每次都会连续下十几个蛋，如果等他们把蛋都下完了再来孵蛋的话，这些蛋早就坏了。

这些雌鸟们就想到让雄鸟去孵蛋，这样就可以保证蛋不会坏。当达尔文发现这个原因的时候，非常高兴，因为他知道他又增长了见识，发现了一个奥秘。

在结束了对鸵鸟的观察以后，达尔文又马上到蒙得维的亚的郊区去收集标本。在蒙得维的亚他收获了一只水豚，足足有 45 公斤，还有一些美丽的蛇和蜥蜴，当然少不了达尔文很喜欢的甲虫。

但是他带着这些标本上路的话对于狭小的“贝格尔”号来说是一个巨大的负担，于是达尔文就把他收集到的一部分标本和很多资料寄回了家里，而对于那些很珍贵的标本和资料他就寄给了剑桥的亨斯洛。

做好这一切以后，达尔文和船员们又再次出发，这次他们没有进入大海，而是一路沿着海岸线南下，他们希望可以了解整个海岸线的情况，但是最后他们还是不得不重新折回蒙得维的亚，因为他们才出发的第二天就遇上了狂风暴雨，这样的天气根本没有办法进行勘测，所以大家又不得不重新折返蒙得维的亚。

他们一路在海湾附近航行，一直到 9 月 22 日，他们来到一个叫作彭塔阿尔塔的地方才停靠在岸边。

达尔文又再次下船进行考察，这个地方虽然没别的地方美丽，但是气候却非常温和，不过达尔文似乎并不关心这些，他的注意力完全被几个化石所吸引，这些化石里面有贝壳和骨头，在这些岩石中居然有化石，这让达尔文很兴奋，于是他马上采集了一些送回“贝格尔”号去。

不过老天似乎要给达尔文更多的困难，他们晚上回去以后，天气就开始变得很糟糕，这严重妨碍了他们第二天到彭塔阿尔塔。不过达尔文最后还是想办法到了这个岛上，这一次达尔文居然挖到了一个大型动物的头骨。

因为这个头骨很大，在挖掘的过程中又不能够破坏这个化石，所以达尔文很仔细地挖掘着，不知不觉他居然挖了三个小时，不过值得庆幸的是，这个大型动物的头骨被达尔文完整地挖掘出来了。这个头骨是一个跟犀牛长得很像的动物头骨，达尔文判断这是一个被列入古代有蹄类的箭齿兽的头骨。

在后来的几天里，达尔文又发现了一些头骨，但是面对糟糕的天气，达尔文不得不停止挖掘工作。可他并没有放弃，每当天气一有好转他就马上出发到他挖掘头骨的地方再次挖掘。功夫不负有心人，达尔文最后挖到了一个巨大的颌骨，根据牙齿来判断，这是一个树懒兽。

不过让达尔文奇怪的是，这个树懒化石是树懒生存的那个洲发现的，但是颌骨却是从现代贝壳的土层里挖出来的。

这一系列的发现让达尔文很兴奋，因为他证明了赖尔的观念是正确的，而那些所谓的灾变论则是错误的。为了能够尽快让别人分享他的喜悦，于是他马上写信给亨斯洛告诉他自己的发现，而且还寄回证据——那些化石。

接下来“贝格尔”号的行程并不那么顺利，本来打算在预计的时间里来到火地岛的，但是因为刮了暴风、起了雾，让“贝格尔”号的行使速度减慢，所以他们延误了航程。

当“贝格尔”号过了麦哲伦海峡继续往南的时候，达尔文发现沿岸的风景不一样了，原本只有沙漠和荒凉山丘的海岸变得郁郁葱葱，在地势比较低的地方长满了灌木丛和树木，而这些东西的背后则是高大的雪山。

这样的景观让达尔文大开眼界，而且他看出来，这些高山以前都是平坦的地势。

12 月 17 日，“贝格尔”号终于到达了火地岛的东面——圣迭戈角。他们终于到达了火地岛，这个地方悬崖上是茂密的森林，而且高达四五百米，想要在这些悬崖上的森林里行走是不可能的，这些森林的地上堆满了已经腐烂的小叶植物，只要人一踩下去就会被陷进去。

而且这里的天气也很阴沉，不是刮风就是下雨，甚至下冰雹、下雪，很少能够见到阳光，就算有阳光也很难照射进森林里。但是大自然是神奇的，这样看似不可能有任何动物可以生存的地方，却有一种叫作原驼的动物可以居住生存。

当地火地岛居民住得非常简陋，简陋得用几根稍微粗一点的树枝插进泥土里，然后铺上一点干草或者芦苇就可以睡觉了，他们睡觉的时候都没有被子，都是光着身子睡在干草上。

对于这样一个常年下雨、下雪的地方来说，这些人的衣着过于单薄，他们常常只是披着几块兽皮，就是在海上捉鱼的人也都是赤裸着身体。

他们能够吃的东西基本都是妇女们抓到的鱼和一些贝类，或者是山上的一些野果和蘑菇。他们最丰盛的食物是一些鲸鱼的尸体，这样的收获完全要靠运气，所以每当遇到这样好事的时候，这便成为他们的节日。

但是他们并不是经常这样幸运，他们也会遇到什么食物都找不到的时候，那时他们就会把村子里年老的妇女杀死，只有这样才可以减少食物的支出，但是他们却从来不把自己家养的狗打死，因为这些狗是可以帮他们抓捕水獭的。

当“贝格尔”号到达火地岛的时候，他们都很好奇，坐在悬崖上看着这些远方来的奇怪的人们。他们还有些难以接受这些穿着衣服的人，这是他们从来没见过的。

一到岛上，达尔文就带着助手出发去考察了，他发现在这个岛上有两种非常奇特的蜥蜴，一种脚上长着蹼，可以在水中游泳，它们吃的都是海藻；而另外一种则完全相反，它们只能在陆地上生活，但是却跑得非常快。

这个岛上奇怪的动物不仅仅有蜥蜴，还有海龟，虽然这些岛上都生活着大量的海龟，但是这些海龟各自有不同的习性。达尔文觉得很奇怪，他们都生活在同样的气候和海边，为什么会有这样的差距？于是他又仔细观察，发现这些海龟是美洲大陆海龟的近亲。

这些奇怪的现象让达尔文总结出一个结论：这些动物本来就和美洲大陆的动物是同一类的，但是不知道是因为什么，它们来到了这片群岛上。

但是为了适应新的环境，所以他们的生活习性和外貌都发生了很大的变化，不过他们始终和美洲大陆的动物是同一类，所以他们也具有那些动物的特性。

达尔文对于自己这样的猜测非常有信心，于是他把这样的想法告诉了船长，但是船长听了以后却很不高兴，他说：

“这些都是上帝创造的，他们原本就是这样，怎么可能违背上帝的意思做出改变呢？”

达尔文觉得很失望，他原本以为船长会理解他，不过这并不能影响他的主见，他还是坚持自己的想法是对的。

考察中的达尔文

天公总是不作美，虽然“贝格尔”号原本打算去美洲西岸，但是因为接连几天的大暴雨，“贝格尔”号不得不退回到海上，而费茨罗伊舰长决定放弃去美洲西岸的计划。

2月26日，“贝格尔”号向福兰克群岛前进，在他们达到路易港以后，他们才发现这里很多荒岛都被英国殖民者占据了，不过因为是荒岛，所以在这些岛屿上的英国人也不过才二十四个。

在福兰克群岛上，达尔文收集了一些稀有动物，进行了一系列的地址勘探活动。就在工作还没有做完的时候，一场飓风使得“贝格尔”号和其他一些船只受到了不同程度的损害。

舰长费茨罗伊把“贝格尔”号在马尔多纳多整修时，达尔文就马上下船来到了市区，他要在这里好好休息一下，他真的太累了。

他在这里住了两个多月，一边做着测量研究的工作，一边欣赏美丽的风景，他的每一天都过得很忙碌，只有老朋友来的时候，他才会让自己稍微停一下。

在这里，他发现一些有趣的鹿，这些鹿很害怕走路的人，但是却一点都不怕骑马的人，因为骑马的时候鹿很习惯了，如果是走路的人就会给鹿发出危险的信号。

他还发现了几种胆子非常小的水豚，还有一些如同鼹鼠一样会打洞的吐科鼠。这一切让达尔文觉得很有趣，日子过得也越来越有意思。

达尔文离开家也有一段日子了，在这段时间里，达尔文常常

他在这里住了两个多月，一边做着测量研究的工作，一边欣赏美丽的风景，他的每一天都过得很忙碌，只有老朋友来的时候，他才会让自己稍微停一下。

寄信回家，但是却难得收到几封家人的信件。

而这段时间，达尔文收到了几封家人的来信，其中有几封是父亲寄来的，达尔文很激动，他迫不及待地把自己最近发现的东西和研究成果告诉父亲，他希望让父亲知道自己已经改变了，而且自己做的事情是多么有意义。

在结束了这两个多月的生活以后，达尔文又回到了“贝格尔”号上，他把自己这一段时间以来收集到的小动物们和一些宝物都带到了“贝格尔”号上，并且像往常一样做出了标注。

7 月 8 日，费茨罗伊舰长带着舰队离开了马尔多纳多，向着奥内格罗前进。在途中，达尔文下了船，来到布宜诺斯艾利斯，然后又到了彭塔阿尔塔，他又回到这里挖掘了很多化石。

在这里发现的一切，证明了古生物学家奥温后来的判断，大型动物如大象或是犀牛，他们没有办法吃食物，但是，却利用后肢站起来，用尾巴作为支撑平衡自己的身体，把树推倒以后吃树叶。

达尔文在这里找到了树懒科和犰狳化石，还有很多现代贝壳和与其接近的贝壳。达尔文把自己收集到的化石做了整理，把他认为重要的东西再次寄给了亨斯洛。

达尔文在火地岛的时候研究了《地质学原理》这本书，他深受赖尔观念的影响，认为某种外界因素会影响物种的变化，但是这种变化是有一定限度的，也就是说物种在变化到一定程度以后就不会再发生变化。他还保留了上帝创造的观念。

他还引用几个古生物资料来证明自己的这种观念，那个时候达尔文受到赖尔的影响，甚至他还参照了很多书中的知识。但是当他逐渐发现一些化石的时候，他就对赖尔的这种观念产生了怀疑。

所以达尔文必须把这些证明自己观念的化石寄给亨斯洛，最后来做出更深入的研究，为了可以证明自己的想法，达尔文把所有的精力都放在研究物种起源的问题上，从此以后，也没有改变。

达尔文发现无论是什么动物都有属于自己的一种自我保护的能力，比如一种叫作“莢达柯”的犰狳，在遇到危险的时候可以让自己蜷缩起来，能够使他们蜷缩起来的是他们身体上的上三条带子；还有那些使身体变成周围环境颜色的蜥蜴，他们甚至在极度危险的情况下还会装死。这些都是动物们在面对危险时做出的反应。

在达尔文的整个旅行中他总是通过自己的实际考察来验证别人的观念，比如赖尔有一个观念——人类活动是植物分类的一个重要原因。

在布宜诺斯艾利斯的时候，当地居民告诉他，这里的野草为家畜提供食物，而家畜的粪便又成为野草的粪料，它们形成了一个循环，互相促进。在瓜尔基亚，有很多在欧洲很普遍的植物，还发现有西班牙蓟，达尔文此时惊喜不止。

到了1833年9月19日，达尔文到了名菲镇，在这里他见到了鼠石，这是一种啮齿动物，它们很喜欢把各种东西都拖到自己的洞口，人们通过研究鼠石这种行为作出了结论，认为他们这样做是为了能够找到自己的家。

鼠石只在奥格罗出现，再往南就没有了，达尔文觉得鼠石这样的分布是因为其他地方的气候和环境并不适合鼠石生存，但是他马上否定了这种想法，因为在其他环境相似的地方也看不到鼠石。通过这件事，达尔文又否定了一个观念——动物种类是在特定环境下产生的。

在布宜诺斯艾利斯他做了很多关于动植物的研究，而到了圣菲巴雅达，他把重点放在了地质研究上。因为圣菲巴雅达的河岸上有动物的尸体，所以可以判断这个地方原来是淡水湾。达尔文还在这些地方发现了一种巨大的犰狳甲壳和箭齿象、柱齿象的牙齿，也就是说这里发生过地壳变动，于是才产生这种情况。

一直到10月，达尔文觉得自己的健康出现了问题，总是会头痛，于是他就决定先从圣菲巴雅达返回布宜诺斯艾利斯。在折返的途中，他看到了难得一见的美洲豹，而且数量还很多，为了能够有充足的食物，美洲豹常常会跑出来咬死一些牛、马，甚至是路人，人们面对这样的动物常常只能束手无策。

他一路走得很慢，一直到10月20日，他才到达巴拉纳河岸，他在这里等了两个星期都没有等到“贝格尔”号，于是他不得不重新搭上一艘邮船去到蒙得维的亚，终于在那里找到了“贝格尔”号。

但是舰长为了能够有足够的时间画出海岸图，于是决定把起航的时间定在12月，达尔文为了不浪费这段时间，于是重新出发，10月23日，达尔文到了科洛尼亚·德尔·萨克为名托，在这里，他发现了一种长得很像狮子狗的牛——尼阿塔，这种牛需要很多水，所以在大旱的时候会非常容易死亡。而且达尔文还发现这里很多地方的名字都是以动物的名字命名，说明以前这里曾经出现过很多这种动物。

达尔文结束了对这些地方的考察以后就回到了“贝格尔”号上。一直到12月7日，“贝格尔”号才朝巴塔尼亚前进。不过让大家都很惊奇的是，有非常多的白蝴蝶居然向着“贝格尔”号飞来。

而且达尔文在对海里撒网的时候，捕获到一些陆栖甲虫和淡水甲虫。这些都可以证明这片海附近有一个淡水湖，不过最后达尔文并没有时间去证实。

到达自然界的天堂

达尔文出航考察已经一年了，在这一年中，达尔文收集到很多化石，见到了很多不一样的动植物，然而通过这一年的研究和观察，他越来越怀疑赖尔的观念，不仅如此，他还开始做出自己独立的思考，他已经变得越来越成熟了，而且很多时候他已经可以摆脱前人对自己的影响，开始通过研究来进行思考了。

达尔文终于到达了自然界的天堂，他来到了南美洲，这里有非常多种类的鸟、昆虫、野兽、植物，这就是生物学家的天堂。这一切对于达尔文来说更像是上帝赐给他的礼物，只要有机会上岸，达尔文就会变得非常快乐，有时候他会借“贝格尔”号进行勘测，跑到森林里做自己的研究，有时几天，有时几个星期。

为了避免触礁，“贝格尔”号在夜里是不能航行的，他们要么就停在海上，要么就下锚，这样的日子持续了一段时间，终于在 1834 年 1 月 12 日，“贝格尔”号驶进了圣胡利安港。这次舰长把人分为两部分，一部分留在舰上，另一部分则跟随他和达尔文到内陆去。

然而这次考察一开始就遇到了困难，因为这个地方很荒凉，而且士兵们要带着笨重的工具前进，大家都显得非常疲惫，尤其这个地方没有淡水，所以大家都非常口渴。他们在一个小山丘上看向远方，发现有两个湖。

但是没有人敢走到那么远的地方，因为如果他们走到那里以后发现那是一个咸水湖，那么他们就走不回来了。这个时候达尔文自告奋勇，他决定自己去一趟，如果那里是淡水湖的话，他就朝士兵们发出信号，达尔文勇敢地走向前方。

但是事情并没有那么顺利，费茨罗伊舰长看着达尔文从一个湖走向另一个湖，然后就缓慢地往回走，大家就都知道那两个湖没有淡水的。

看到大家都很疲惫，达尔文又再次自告奋勇地回到舰上，找了一些人带着淡水来支援费茨罗伊舰长。第二天，达尔文就一直躺在床上累得无法起来，这样的情况一直持续了两天。

一直到1月末，费茨罗伊舰长再次把人员分为两部分，一部分驾驶“贝格尔”号，另一部分则乘坐小船勘探麦哲伦海峡。达尔文在“贝格尔”号上，他们停靠在了饥饿港，这里可以看到萨尔明托山，这是火地岛最高的山。

达尔文当然不会错过这个考察的好机会，麦哲伦海峡两岸独特的景观让达尔文惊叹不已，他发现巴塔哥尼亚的生物和火地岛的生物居然可以混合在一起生长。

为了能够更好地了解当地的原始环境，达尔文登上了海拔有600米的塔尔恩山。

神奇的是，山上树林比一般的树林还要茂密，这种茂密就连狂风暴雨都无法让它们动摇一丝一毫。就是在这样茂密的树林里，人类很难到达，因为这些地方的落叶腐烂成为一层地毯，这种地毯没有我们想象得那么舒服，人们在上面行走非常困难，踩下去可能会滑倒，想要抓旁边的树干也会将这些树干抓成粉末。达尔文一路往上走，发现周围的植物变得越来越矮，当到达山顶的时候那些植物就都消失了。

周围的山差不多是一样的情况，只不过在有些山头的某些地方会看到一点雪的痕迹，山上湿气很大，所以达尔文他们想要下山就变得更加艰难了，甚至是一路滑着下山的。

最后他们终于下山了，在登上“贝格尔”号以后，达尔文在圣塞瓦斯蒂安港看到了非常多的抹香鲸，它们在海上玩耍，一个接一个地跳出海面，然后又落下去，那种景象非常壮观。

“贝格尔”号在绕过圣地亚哥角的时候遇到了一个危险，巨大的漩涡把“贝格尔”号冲到了塔腾群岛的东岸，最后“贝格尔”号停在了乌乌拉斯吞岛。

在这个岛上，达尔文见到了另外一种生活形态的火地岛人，他们部落之间互相仇视，没有部落首领，为了获得一点生存的食物和资源，他们会大打出手，而那些资源只不过是一些时不时冲上岸的贝壳、鱼类和海豹。一旦发现有食物，他们就会驾驶自己部落的独木舟出海，这是他们唯一的工具，这种工具在被发现之前的两三百年里都没有任何改变。

这不禁让达尔文思考到一些更深层次的问题：我们的祖先是否也是这样的？虽然我们对动物和植物做出研究，但是却没有人研究我们的祖先。这样的思考让达尔文有了另外一种使命感，他下定决心，他想要更多地了解人类的祖先。

“贝格尔”号再次进入贝格尔河，这条河虽然非常难行驶，但是好在费茨罗伊舰长曾经走过这条河，凭借他的记忆和技术，最后还是通过了贝格尔河。而火地岛的原始居民一直在用一些鱼蟹来向他们换取一些破布条。

一直到 3 月，天气才逐渐好了一些，达尔文和费茨罗伊挑选了一个天气特别好的日子重新到伏里阿海港和朋松布海峡北部。琴米看到老朋友重新来到，非常高兴，为他们准备了不同的礼物，甚至当他们离开的时候还燃起篝火，表示对他们的不舍之情，而达尔文随着“贝格尔”号在继续着自己的考察工作。

几天之后，“贝格尔”号到了巴尔克里湾，达尔文则继续上岸对这个岛进行考察。在这个岛上，常常看到很多野牛，随性的高楚人在寻找食物的时候就向野牛的脖子上投套索，然后熟练地往牛的脊髓上一刺，这头牛就死了。

而这个岛上的公野牛非常多，因为岛上的人常常只是把容易制服的母牛杀死，所以就留下了很多公牛，这些公牛常常会攻击人类和马匹。

达尔文发现野牛在这个岛上凶猛地不断繁殖，所以这些牛有健壮结实的特点，而且这里的野牛有三种毛色。而马匹则长得越来越矮小，甚至患上疾病，还是小马的时候就会死掉。达尔文发现，这些小马之所以会死掉，是因为公马会逼迫母马过早地抛弃小马。

他们在福克兰群岛上的考察非常艰难，岛上的天气非常不好，在他们考察的那几天里，他们遭遇到了冰雹和雨夹雪，还好他们随行着几位高楚人为队伍燃起篝火。后来天气逐渐转好，但是雨雪过后的野外道路非常不好走，他们常常被滑倒。就算是这样达尔文在岛上还是发现了一些值得研究的东西。

他发现在福克兰群岛上有一种家兔，它们只是分布在岛的东部，而这种品种则是黑兔和灰兔杂交出来的。这个岛上还有另外一种动物——狼形狐，这种动物非常聪明，而且只在福克兰群岛才有，但是费茨罗伊舰长则坚持说，这是一种南美洲狐的变种。通过对这些事实的观察和研究，达尔文提出了关于物种的问题以及关于难于辨别本种与变种的问题。

在结束了对福克兰群岛的考察以后，他们又向巴塔哥尼亚出发。这次到巴塔哥尼亚有两个任务：一个是要修理撞到了暗礁的“贝格尔”号；另一个则是要去考察圣克鲁斯河。

但是这个地方似乎不太欢迎他们，他们还没把船停靠稳妥，就迎来了一场大风。“贝格尔”号如果在岸边停靠的话很可能会被撞碎，于是他们在大风的情况下驶进了港湾里。

三天之后，他们开始了“贝格尔”号的修理工作，幸运的是，“贝格尔”号的损毁程度并不严重，在两次涨潮之间就能修好。

趁着“贝格尔”号修理的这段时间，费茨罗伊舰长带着船员乘坐三只捕鲸船就开始对圣克鲁斯河进行考察。圣克鲁斯河宽约三四百米，在河中心的深度有 5 米多，而河谷之间像是阶梯一样对称分布。

费茨罗伊舰长第一次利用涨潮到了涨潮区的河面，但是后来就没有那么顺利了。河水比想象中要湍急得多，所以没有办法逆流而上。于是他们想到了一个好办法，他们把三只船首尾相连起来，然后用人来拉纤，这样他们每天可以行走16–20公里。

而达尔文注意到这沿岸的动植物，还注意到了这里的地质情况。稀疏的玄武岩砾石变成了坚硬的石块，然后是一整座玄武岩地台。而河水居然能够穿过这块玄武岩，达尔文判断，河水是由于海底上升到地面后，在原来海湾的地方，冲出一条新的河道来的。

虽然捕鲸船在前进，但是到后来就变得更艰难了，河道变窄了，拉纤变得越来越困难，而河流的两岸不时有兀鹰在两米高的地方飞来飞去。

他们艰难地前进着，来到了科迪勒拉山脉，达尔文在这里发现了大量的斑岩砾石。他认为，这里从前很可能就是大海，而这些斑岩砾石就是在那时被浮动的冰块冲上去了。

几天之后，“贝格尔”号重新出发，他们经过麦哲伦海峡，然后向西岸驶去。6月8日，“贝格尔”号驶进了马格尔累纳河。两天以后，“贝格尔”号进入了东符里岛和西符里岛之间，这是两大悬崖，看着周围的环境总是会给人一种压迫感，总觉得这样的环境会和死亡扯上关系，而达尔文更是对这里形成了非常深刻的印象。

一直到6月28日，“贝格尔”号才到奇洛埃岛上的圣卡尔洛斯港停靠下来。这个时候达尔文更不会放弃上岛考察的机会，他到这个岛上后发现，这里生长着常绿的树木和热带植物，而且雨水充沛。

岛上的居民是混血印第安人组成，他们住在没有树林的海岸边上，主要吃鱼、马铃薯、猪肉。

半个多月以后，“贝格尔”号离开了这个地方，向着瓦尔帕莱索港前进。达尔文在比较了火地岛和奇洛埃岛之后发现这里的气候非常好，而且拥有非常美丽的城市。

而且在这里，达尔文还遇到了自己的老同学理查德·科尔菲德。

达尔文不仅喜欢这里的气候和城市，更重要的是遇到了自己的好朋友，所以他在给亨斯洛写信的时候说道：

“能够从南方雾气弥漫的气候中解脱出来，呼吸干燥的空气，享受美味的牛肉，简直就是人生最大的幸福。”

这次他寄出的不仅只有信，还有很多化石和收集到的珍贵标本。但是因为“贝格尔”号的航线常常发生改变，所以达尔文已经有一年多没有收到亨斯洛的回信了。

他非常着急想要知道亨斯洛对于他收集和研究的问题的看法。因为达尔文还不够自信，所以他总是会怀疑自己收集的东西不够完整，但亨斯洛也难以给出快速、合理的答复，所以才导致信件的延迟。

亨斯洛寄出的信件到达达尔文手中的时候已经是十八个月之

后了。达尔文在瓦尔帕莱索的时候意外地收到了亨斯洛的两封信，这让达尔文兴奋不已。信中亨斯洛肯定了达尔文收集到的那些东西，这对于达尔文来说是最高的荣誉。

在通信中，达尔文和亨斯洛交换各种意见，达尔文把亨斯洛看作学术上的父亲，所以每次达尔文一有什么收获或者新的思路，他就急于同亨斯洛分享，就像是一个孩子要给父亲展示自己的成果一样。

一切比想象中的更困难

达尔文在瓦尔帕莱索住了一段时间，开始的时候，达尔文在郊区对植物进行观察，但是可以观察的昆虫和植物无论从品种还是数量上来说都没有那么多。因为这个地方虽然气候比较温和，但是这里不刮海风，所以植物比较稀少。

达尔文虽然很享受这个地方的气候，但是为了能够得到更多的研究资料，他还是决定向安第斯山脉出发。谁知道他刚刚提出这个要求，就被费茨罗伊舰长否定了，因为安第斯山脉长就有五千五百英里，最高的地方有两万两千八百英尺，一个人如果没有万全的准备，就很难成功。

虽然攀登安第斯山脉很危险，但是达尔文还是坚定地要去攀登。最后费茨罗伊舰长被达尔文说服了，于是为他准备了两个向导、十头骡子、一匹马。

他希望这些东西能够帮助达尔文攀登成功。

达尔文带领着登山队伍来到了安第斯山脉，虽然达尔文知道这一路会非常艰难，但是真的面对的时候才知道这一切比想象中要困难更多。

他们越是往上，海拔就越高，空气就越稀薄，而且他们还要在这种空气稀薄的地方登山，更是耗费体力。他们在海拔高的地方无法煮熟东西，甚至都没有办法把水烧开，这一切都让他们的安第斯之旅增加了很大的难度。

不过幸运的是，他们面对困难之后也收获了很多东西。他们在海拔四千米的山上发现了贝壳化石，这引起了达尔文的注意。

贝壳应该在海里，但是为什么这么高的山上会有贝壳化石呢？达尔文反复思考，最后终于想明白了，这是因为地壳垂直运动的关系，所以导致原来是海洋的部分被抬高，于是就形成了山脉。

达尔文还发现，山脉的两边生长着不同的植物，就算是同一种植物，他们生长的样子也不相同。于是达尔文大胆假设：物种并不是一成不变的，他们会根据生长的环境来做出调整和改变。

这种假设和之前的一些生物学家的理论有矛盾，但是达尔文还是敢于提出自己的想法，通过实地考察，我们不得不说，达尔文在这次旅行中越来越成熟，对自己的观点越来越自信了。

达尔文通过了契里考昆山，现在他住在这个风景如画的钟山

贝壳应该在海里，但是为什么这么高的山上会有贝壳化石呢？达尔文反复思考，最后终于想明白了，这是因为地壳垂直运动的关系，所以导致原来是海洋的部分被抬高，于是就形成了山脉。

山麓之下。达尔文看着这美丽的风景，迷人的植被，于是决定上山看看。

8月16日，达尔文由一名向导带领，带着强健的马匹，然后就开始攀登海拔为1820米高的钟山。他们看到在钟山南坡上长着一些不一样的棕榈树，它们长得非常粗壮，但是比较矮，最粗的地方有树高一般，这种树为当地居民提供了甜蜜的糖浆原料。

到了晚上，达尔文和同伴们在河边露宿，这几天天气非常好，就算是在晚上也可以看到远处瓦尔帕莱索湾上那些船的桅杆。这天晚上他们休息得很好，第二天一早他们就来到了钟山山顶。

站在钟山山顶上可以看到智利的全貌，智利的海岸跟科迪勒拉山脉差不多是相接的，只是被几座小山分开了。而智利很多重要的城市就在那些山与山之间的盆地里。

智利有很多海峡、河渠，很多河流都流入大海，这样一来，智利的土地就非常肥沃了，他们种植玉米、小麦，还种植很多果树。他们在山上可以看到智利清晰的形状，就如同看一幅巨大的地图一样。

8月18日，达尔文来到一个美丽的河谷，他们继续走，第二天就来到了一个铜矿场，这是智利的一个比较大的铜矿场，铜矿场的工人们在劳作着，看得出来很辛苦。但是达尔文发现，智利人采矿的技术还比较原始，耗材也比较严重，在这之前，已经有外国人来改进过智利人采矿的技术，但是似乎也只是做出了简单的改变。

达尔文本来打算再次上山的，但是天气变得越来越差，甚至迎来了暴风雪，于是达尔文只好改变路线，朝着圣地亚哥出发。在路上，他又登上了一个比平原稍微高一点的矮山岭。

达尔文通过对这个地方的观察，他认为这里是以前的海底。最后达尔文又继续前进，到了圣地亚哥之后，他做了短暂的停留又开始朝着南边继续前进。朝南的道路都非常艰险，有的甚至要通过一个残破不堪的吊桥，吊桥下面是深不见底的悬崖。

他们一路上还发现了考凯纳斯温泉，据说这个温泉的水能够治病，但是达尔文却发现，这些温泉水夏天要更热一些。达尔文觉得这是因为地下水源与夏季雪水融化形成的急流有关，这些雪水首先渗入高温区，然后又流到考凯纳斯的地面上。

达尔文继续前进，他渡过了克拉罗河，来到圣费尔南多，然后又往西朝着大海前进。他们发现了很多浮岛，达尔文在这些浮岛上挖掘金矿，为了对金矿勘探，他们在这个地方耗费了四天时间。

他们把挖出来的金矿放到矿池里，让矿泥在矿池里沉淀，这些矿泥表面的盐逐渐晶化，几天以后，这些矿泥干了就可以清洗，然后就可以淘出黄金，这可是有价值的收获。

虽然劳累，但达尔文很高兴，在结束了这一切之后，达尔文就回到了瓦尔帕莱索，谁知道一到家他就病倒了，他就这样一直在好朋友家养病，一直到10月底他的病才有所好转。然而祸不单行，达尔文生病，然后是“贝格尔”号发生经济危机。

因为费茨罗伊舰长为了加快对海岸线的测量工作，所以他花了一千六百五十英镑租了两只纵帆船，接着他又买下了一只洛乌船，这一只船花了舰长一千三百英镑。

费茨罗伊舰长天真地以为他花的这些钱海军部会为其报销，但没想到的是，海军部不仅不报销，甚至还说不同意他的做法，并且要求退还这些船。

这个时候韦克姆还在对南美洲的东部进行测量，必须完成这次测量才能回到英国，很多船员还是希望能够在费茨罗伊的带领下经过太平洋，只是现在舰长对于海军部的命令耿耿于怀，他甚至恼怒想要辞职。

发生这些事情导致费茨罗伊的情绪非常低落，再加上一路的疲劳过度，他病倒了，费茨罗伊面临一个非常困难的时期，医生建议他最好什么工作都不要做，静养一段时间。但是船上的船员们都希望能够穿过太平洋，然后回到英国，可是经过太平洋回英国可不是一件容易的事，只有让费茨罗伊指挥才能够顺利通过这片神秘的海洋。

本来只要费茨罗伊辞职的话，韦克姆就能够正式接管“贝格尔”号，成为舰长，韦克姆知道要通过这片大海不是简单的事情，所以他极力劝说费茨罗伊舰长，希望他放弃辞职的念头。韦克姆说：

“你现在辞职没有任何好处，这个时候如果可以的话应该多留出一点时间来进行测量的工作，而不是浪费时间去绕道。”

最终，费茨罗伊舰长被说服了，他撤回了自己的辞职信。

这件事算是这样顺利解决了，否则对于达尔文来说，会造成不安的心理。

达尔文之所以感到不安是因为如果费茨罗伊舰长不指挥航海的话，他就要结束考察回到英国，那么他就会被迫结束博物学家的工作，很可能他再也不能够做自己喜欢做的事情，这是他非常害怕的，害怕自己完成不了原定的工作。而且加上在海上的各种艰难和疲惫，使得他在这段时间心理特别脆弱。

虽然在海上很艰苦，而且远离家人和朋友，但是对于达尔文来说这是最好的日子。在这样的日子里，他可以毫无顾忌地做自己想做的事情，而不用总是被父亲阻碍。不过还好，费茨罗伊舰长最后还是收回了辞职信，所以达尔文还是可以继续自己的考察工作了。

达尔文觉得，要想做一个好的考察员，就要有自己的一定思路，不能总是把表象带回去，而要搞清楚为什么会形成这种情况，所以他对自己在南美洲的考察有了新的思路。

他首先要对西部各海岸进行地质考察，特别是科迪勒拉山脉。这是对美洲地质考察最重要的一个步骤，而且对于地质考察来说非常有意义。

通过上次“贝格尔”号的危机，使得达尔文更加坚定了考察整个美洲的决心，他甚至想过如果“贝格尔”号要结束考察回英国的话，他就自己在美洲进行考察，到时候他通过自己的双脚走，横穿南美洲以后，再从布宜诺斯艾利斯坐船回英国。

他这次有很大的决心，所以就算是“贝格尔”号继续考察，他还是希望按照他的计划来，先对南美洲进行考察。于是他到了一些小岛上进行考察，这个时候的达尔文不仅仅是利用以前的一些考察办法，他甚至用了当地的一些老办法，还请了一些当地的向导。

“贝格尔”号的船员们在谢利万的指挥下开始测量奇洛埃岛，他们在 11 月 24 日的时候乘着舢板和高速艇去考察了这个岛的东部。而达尔文则找了几匹马到了奇洛埃岛北部的查卡奥，他们约定在那里汇合。

查卡奥原来是一个港口，但是因为有船只常常在海峡和岩礁中失事，所以人们就把港口迁到圣卡尔洛斯。在这个岛上，马匹走的路都是用原木横铺出来的，而且因为这里茂密的树枝常常遮挡住太阳，所以地面总是很潮湿，也很滑，很难行走。

达尔文很快就在查卡奥遇到了“贝格尔”号的船员，他们一起向南走。他们一路行走，发现很多被河谷分割开的平坦地方，但是这里也一样有茂密的森林，难得的是，这里有的地方还能够找到茅屋，看得到人生活的踪影。而且在这片地方有三座活火山，这些火山的高度都在两千米左右，而且正源源不断地喷出浓烟。

11 月 31 日，达尔文和他的伙伴们来到了卡斯特罗，这里曾经是奇洛埃岛的古都，但是发展到现在，这里已经变成一个只有几百个人的荒凉地区了。但是这里有一种很常见的植物，叫作庞克，这种植物能够长一米多高，长着四五个齿状的圆叶子，这些叶子的直径居然能够超过两米，而周长更是达到六米以上。

接着他们来到了南岛圣佩德罗，在这里他们发现了一种岛上特有的狐狸，它们居然在两名军官进行侧脸的时候发呆似的看着他们，结果被达尔文从后面用木棒打死了。

就这样，达尔文发现了这个岛上独有的狐狸。当他进入森林的时候，他们又遇到了困难，这些森林中有很多已经倒了的腐烂的树木。本来他们打算从那些腐烂的树干下爬过去或者从树干上走过去，但就是过不去，最后都没有成功，他们只好放弃进入森林的计划。

他们乘着“贝格尔”号继续向南走，到达了桥诺斯群岛，但糟糕的是，他们遇到了“不亚于火地岛的”风暴。所以“贝格尔”号完全不能够停靠在海岸边，达尔文好不容易沿着海岸上的云母岩爬上岸，他的手上和脚上都受了伤，现在这样达尔文就受伤了，更何况他要进入到森林中。

没有办法，达尔文又放弃了进入森林的计划，他们重新调转船头朝着北方行驶。经过长时间的行驶，他们终于在 12 月 20 日发现了一处海港，在这里他们发现了一座山比里约热内卢那座塔糖山更像圆锥体的山。据估计，这座山的海拔大概有五百米。

达尔文居然爬到了这座山的山顶。他非常高兴，他在《考察日记》中写道：

“在这荒凉的地方，能够爬上一座山的山顶，会使人感到某种不同寻常的快乐。只要我总是不安地期待看到某种新东西，而这种期待总是要落空，而每当我有新的打算时，这种期待总还是一定要出现的。任何一个人都知道，我们从高山上眺望那些壮丽景色时，我们心里会洋溢着胜利和骄傲。而在这些处女般圣洁、人迹罕至的地方，你会联想到你可能是第一个站在这座山顶上欣赏这一景色的人，你的心情还会增添某种荣誉感。”

达尔文在这座岛的岸边发现了一些人住过的痕迹，有草铺、有熄灭了的篝火的痕迹。但是好像已经有好久没有动过这些东西了，达尔文猜测，这些痕迹应该是一些遇难的船员在这里留下的，但是难过的是，他们没有看到这些船员的身影。

值得高兴的是，在“贝格尔”号经过另外一个港口的时候，一个船员正在向他们呼救，当他们把人带回“贝格尔”号的时候却是两个人，他们原来是美国捕鲸船上的幸存者，他们的船被暗礁撞得粉碎，他们中的一个人当场就摔死了，而他们两个人则在这个小岛上生存了下来。现在他们终于获救了，这对于他们来说真是一件值得高兴的事情。

12月30日，“贝格尔”号来到了特烈斯蒙特斯半岛最北端的小港里靠岸了。

第二天，达尔文就迫不及待地带着几个人上了一座海拔七百米的高山，在这座山的山顶上，可以看到科迪勒拉山脉，他们都是由花岗岩组成的，而且花岗岩上还有一些像手指一样的云母石雉堞，无比美丽。

他们接下来一直围绕着这个小岛观察，他们发现了无数的海豹。而岛上的火鸡、兀鹰正虎视眈眈地盯着海豹，一旦有海豹的尸体被冲到岸上，他们就会饱餐一顿。虽然动物们都比较凶残，但是这里的树木和花草非常漂亮，而且这里还有以科尔科瓦多火山为首的四座火山，这些火山上的树木都非常茂密，尤其是科尔科瓦多火山，有很多毛榉树，还有很多藓类的植物。而西海岸群岛的泥岩形成的过程如同火地岛的一样，看得出来非常快速。

达尔文还发现了一种常常在奇洛埃岛和桥诺斯群岛上的红色胸脯的鸟，虽然它们都是同一种鸟，但是却有两种叫声，所以当地的人们就把这两种鸟分为“吉兆”和“凶兆”两种。还有一种鸟的叫声居然像是狗一样，这种鸟叫作“吉德吉德”鸟，它居然和智利中部的土耳其鸟和塔巴科洛鸟是亲戚。

除了这些鸟类，还有一种非常凶猛的大海燕，叫作别拉德海燕，这种海燕是一种胆子特别小的鸟，它们一旦听到什么声音或者受到什么惊吓就会躲到水里去，很久也不敢出来。但是达尔文却无法从它们的样子看出他们属于哪一种，虽然从它们的嘴、鼻孔和腿的长度都可以看出是海燕，但是却不知道是哪一种海燕。

1月19日晚上，奥索尔诺火山爆发了，正好“贝格尔”号回到了圣卡尔洛斯海湾，达尔文亲眼看到了这一奇异的景色，火山喷发一直持续了很长时间，同时喷发的还有科迪勒拉山脉最大的一个火山，六个小时后，距离这里四千三百公里的科谢圭钠火山也爆发了，而这个时候也迎来了一场大地震。不过还好，达尔文他们离开得及时，这场大地震并没有影响到在海上行驶的“贝格尔”号。

接着他们来到了卡斯特罗，达尔文这次带来了一封介绍信给当地的一位叫作彼得罗的先生，这位彼得罗先生是一位非常热情好客的人，他热情地接待了他们，给他们找来了马匹，并且主动陪着他们一路沿着海岸南下。

到了1月28日，达尔文他们回到了圣卡尔洛斯，在那里待了几天之后，达尔文他们又来到了智利的瓦尔迪维亚，这里有森林，也有平原，而且在这里，他们遇到了一些性格特别的印第安人。

一直到了2月20日，当达尔文一个人躺在海边享受着海风和阳光时，突然有居民朝着他跑来，这个时候他才知道发生了大地震。但是因为他在海岸边，所以没有什么感觉。不过他发现海水迅速上涨，上涨到一定的位置以后又急速地退下去了，原来因为这次地震正好赶上退潮，所以才会出现这种现象。

后来没过多久，大家发现“贝格尔”号的锚坏了，所以只能乘着“贝格尔”号去瓦尔帕莱索去买新的锚。而正当“贝格尔”号正在航行的时候，又发生了一次强烈的地震。

这次地震造成了很大的破坏，当达尔文登上了基里基纳岛的时候才亲眼看到地震给当地的居民带来了什么样的严重后果。

因为这次地震是在白天发生的，所以他们可以及时躲避，而最可怕的是地震引来的巨大海浪，这些海浪把很多沿岸的树木和房屋都破坏了，很多人也因此丧生。

达尔文在看到这些情况之后觉得地震是威胁人类的罪魁祸首之一，而他也认真地研究了地震后此地岩石层的变化。但是达尔文没有过多的时间，他马上就要启程，开始下一个考察了。

为了能够实现自己横穿科迪勒拉列山脉的计划，他和“贝格尔”号一起去了瓦尔帕莱索，但是到那里才短短两天，达尔文就又出发了，因为他要在圣地亚哥做好一切准备。

他选择了距离最近的山口出发，希望这样可以在途中再穿过另一个乌斯帕拉塔山口。这次考察，达尔文只带了一位向导和一名赶骡子的人，他们朝着马伊普河出发。

达尔文在科迪勒拉山脉的周围发现了一些由砾石和沙土构成的土地，这种现象和南美洲的情况一样，达尔文判断是因为海岸的上升，而这些土地在以非常缓慢的速度下降，所以就出现了这种情况。

达尔文还发现这块山地和周围的草原连起来了，因为山地在下降，所以渐渐地就和平原一样了，而且智利的南岸也受到了侵袭，这些都是因为海水浸泡的缘故。

这不由地让达尔文想到了赖尔对于科迪勒拉山脉形成的观念：河流从上游直冲而下，使沿途一些杂物由河道在入海口处沉积下来，形成阶地，然后海平面上升，一直到现在的高度，而很多流经这个盆地的河流都是从高山上冲下来的。这些推测都和达尔文现在见到的情况是一样的，这表明赖尔的推测是符合现实情况的，是正确的，是有道理的。

正当达尔文他们向山顶出发的时候，很多牧民赶着牛群往山下赶，因为冬天马上要来了，所以他们必须要尽快下山。而达尔文他们继续在山上考察，他们发现，越是朝上走植物就越少，但是却有很多漂亮的花朵，至于动物和昆虫就更不见踪影了，他们在山顶发现了好几处的矿藏，这种情况不多见。

这一切都让达尔文觉得很奇怪，因为他从来没有在别的地方发现这种情况，而安第斯山也有自己独特的情况，它的第一层两边是阶地或者平原，第二层则是颜色鲜亮，缺少植被的山丘，第三层是连绵不断的岩脉，第四层的颜色也很鲜艳美丽，这是因为地层分布的原因，最后第五层是由岩石形成的圆锥形石堆。

达尔文和他的伙伴们3月18日开始出发，可是直到30日他们才到达耶奈谷，这个山谷像是一口周围有很多石膏的大锅，这

没想到他们研究以后发现，这种有些发红的灰尘是一种水草微粒，他们可以把白色的雪地染成红色。于是他们决定留下来继续考察。

些石膏的厚度可以达到一千多米，所以耶奈谷又被当地人称为“石膏谷”。

达尔文来到了彼乌克涅斯山麓，这座山把几条河流分割成了两半，变成了两条河流，一条流向了大西洋，另一条流向太平洋。

达尔文带着伙伴沿着这条山脉一直走，虽然这里的路非常崎岖，但达尔文还是坚持不停地走，终于他们到了中午才到了乌克沓斯山。

由于这座山海拔相当高，空气稀薄，而且他们都是负重行走，所以同行的人都感觉到了呼吸困难，但是达尔文却像是一点事情都没有的样子。

其实并不是因为达尔文的身体更强壮或者更适应这样的环境，而是他根本没有注意到自己呼吸困难，他的所有注意力都集中在化石上面。他们就这样艰难地行走，一直到了山顶，这里常年积雪，所以更像是一个全年都是冬天的地方。

山顶都是白色的，而达尔文却发现在这种人迹罕见的地方居然有类似骡子的足迹，刚开始的时候大家都以为是风把这些灰尘带过来的，没想到他们研究以后发现，这种有些发红的灰尘是一种水草微粒，他们可以把白色的雪地染成红色。于是他们决定留下来继续考察。

晚上，他们扎好了帐篷，但是却因为空气太稀薄而点不起火来，于是他们只好在冰天雪地里啃冰冷的面包，就这样过着非常艰苦的生活。

第二天清晨，他们起来以后发现起了大雾，大到他们连潘帕斯平原都看不到，根本没有办法工作。到了晚上，他们还是露营在山顶上。

一直到第三天，天气才好转，他看到了东面河谷和智利河谷的区别，原本两个河谷应该是有相似的地理环境，但是这两个地方的植被却完全不同，不仅是植物，就连陆地动物、鸟类和昆虫都很不一样。

科迪勒拉山脉东坡的动植物都和巴塔哥马亚的动植物很相似，而且这里还有很多黑色的甲虫。达尔文带着同伴们下山，他们在山下休息了一个晚上，然后继续启程，他们朝着东面走过了一个沼泽，然后在平原上又走了两天，然后他们到了门多萨。

他们刚到这里以后发现天上有一片火红的云彩，而且在很远的地方就听到类似打雷和刮风的声音，这好奇怪呀。

直到后来他们才知道那片红色的云是一大群蝗虫，而像是打雷一样的声音则是蝗虫们挥动翅膀的声音。蝗虫是一种非常可怕的昆虫，只要是它们经过的地方，必然会变得什么都不剩，它们可以把原本绿油油的植物都啃光。蝗虫的威力让达尔文觉得很可怕，他忽然觉得这些小小的昆虫居然有这么大的力量。

4 月 10 日，达尔文到达了圣地亚哥，这是他第二次通过科迪勒拉山脉了，他回到了瓦尔帕莱索这个地方。在这里，他给姐姐苏桑娜写信，告诉姐姐自己的近况和对这次考察的成果：

“据我的研究考察表明，那两个山脉其中的一个，要比另一个早生很多年。老一点的那个山脉叫作安第斯山脉，这些山脉岩石的种类和排列顺序我都摸得一清二楚，这些山脉的主要特点就是他们含有将近两千英尺厚的石膏层。我已经在海拔一千多英尺的地方找到了一些稀有的贝壳化石，这本来是不可能的。通过研究这些贝壳我可以确定这些山的年龄是否与欧洲地层的年龄一致。而安第斯山脉的另一条山脉，我有其他可靠的依据可以推测，但是我还是要再证实一下，如果证实可靠的话，那么在证明地球形成中的理论是很中肯的。因为，如果曾在这么晚的时代在地壳中发生过如此惊人的变化，那么它在以前就不可能不剧烈变动过。我们注意到这些近代地层，因为里面蕴藏着丰富的金、银、铜等金属矿脉。到目前为止，我们都还认为这些是属于较古老的地质层系的。”

在瓦尔帕莱索这个地方，达尔文不仅给姐姐写了信，还给亨斯洛写了回信，他很高兴跟亨斯洛分享了关于他在地质方面的研究成果。这让亨斯洛很高兴，因为这表明达尔文已经不是一个只懂得收集资料的学生了，他学会了对资料汇编和总结，然后加上自己的思考和研究，最后得出结论。

亨斯洛对于达尔文的变化感觉到很吃惊，他没想到这次考察能够给达尔文带来如此大的变化和收获。亨斯洛对于这个学生感到很满意，他希望达尔文的研究成果能和大家分享。于是在1835年11月16日的剑桥哲学学会上，给学生念了一些达尔文寄来的信件，没想到的是，学生们对于达尔文信件中的内容非常有兴趣，甚至还要求亨斯洛制作成小册子，好让大家都可以阅读和分享。

这个时期的达尔文对于赖尔的很多观念都做出了肯定的证实，在这一路的考察中，他差不多用了很多赖尔的观点，甚至对赖尔的很多观点都做出更加深入的研究和解读，但是达尔文并没有对自己取得的一些成就有丝毫的骄傲，他还是认真仔细地研究着这些化石和岩石，想找到某些方面的突破。

接着，达尔文继续考察工作，他随着“贝格尔”号到了智利的北部进行考察，在科舍博达尔文离开了“贝格尔”号，然后开始了他的旅行，他和“贝格尔”号约定好在科皮亚波碰面，然后一起离开。

这次的考察，达尔文只能骑马，他们走过了盛产黄金的钟山山麓。在海岸的地方，智利中部的那些灌木渐渐变少了，相反生长了一些高大的植物，达尔文觉得这是因为这里靠近沿海，所以降水较多，植物可以得到更充足的水分，所以生长得比较好。

他们继续向着内陆走，来到了洛斯奥尔塔司区，这是一个盛产矿石的地方，很多人都在矿区工作，那些矿工每天要背着90公斤的矿物从72米深的矿井里出来，然后再进去，这样每天要回12次。然后达尔文又来到了科舍博，这里有8000左右的居民。

不幸的是，这里又发生了一次地震，而且是在晚上，人们见识过地震的威力，所以都非常害怕。当时达尔文在地震之前听到一些隆隆的声音，但是却没有感觉到地震的晃动。

6月2日，达尔文又重新开始了他的考察工作，他沿着海岸往北一直到了瓦斯科，这里和之前见到的很不一样，植物长得并不好，很难见到一些绿色的植物。

达尔文越走越荒凉，一路上他只看到一些骆驼在吃草，当地的人说，这里已经很久没有下雨了。而一些陆生螺轮蜗牛则只能靠着春天到来时生长出来的一种小植物生存。

达尔文一路走来都很荒凉，直到他到了科皮亚波河谷后他才感觉放松一些。这个河谷上有一座很大的城市，这座城市到处都有果园，矿产也非常丰富。

而他和“贝格尔”号就是约定在这个地方见面。达尔文到的时候船还没有到，于是他又再次进入无人谷。这个地方虽然是被海水冲积而成，但是已经有几个世纪没有下雨了，所以现在就变成了一片沙漠。

虽然这里已经是一片沙漠了，但达尔文还是发现了一些人类生存过的痕迹，而且应该是印第安人。

达尔文还听当地人说，因为这里地震太过频繁了，原本可以看到古秘鲁人开凿的水道常常会被地震时坍塌的泥土、石块掩埋起来。达尔文还在途中发现了一些羊驼和骆马，还有一种居然能够捕捉老鼠的狐狸。因为这里的环境非常干燥，所以老鼠都变得非常具有抗旱能力，他们甚至比任何动物都适应得好，所以他们在这里生存得很好。

考察结束了以后，他回到了科皮亚波河谷，这个时候“贝格尔”号才到达这里，他们接了达尔文以后又继续起航。

达尔文的思考

“贝格尔”号在经过了三天的行驶之后来到了一个港口，达尔文和自己在智利认识的朋友马里阿诺·贡萨达斯告别，然后回到自己的舰艇上。

而“贝格尔”号继续向着秘鲁行驶，唯一不同的是，这次指导航行的人不是费茨罗伊舰长，而是韦克姆。因为费茨罗伊舰长在瓦尔帕莱索的时候听到一个消息，自己的好朋友“挑战者”号的舰长塞缪尔和“挑战者”号上的所有船员都被印第安人抓去了。费茨罗伊舰长不能看着自己的好朋友出事而不帮助，于是就决定以考察南美洲西海岸的身份，和印第安人商量，希望救出“挑战者”号上被抓的人，费茨罗伊舰长认为他必需这样做。

所以这段时间，“贝格尔”号在韦克姆的带领下来到了秘鲁。他们在秘鲁的伊基克港靠岸，达尔文继续带着自己的助手，又找来一位当地的向导和几头骡子。

这个地方常年不下雨，所以淡水非常紧张，人们常常要花高价购买从四十海里外运来的水。而且这里的自然环境也非常荒凉，不过达尔文可见识过什么是真正的荒凉，所以他对这里的环境并没有表示特别的惊讶。

达尔文让向导带着他们到了硝石矿场，这个矿场是可以给整个伊基克带来财富的地方。而这个地方是由普通的岩石和盐土层沉积形成的，面对这样的地质环境，总是会让人觉得这里像是覆盖了一层被踩得很脏的雪。

在结束了对硝石场的考查之后，达尔文一行人又折回伊基克，因为他们的下一个目的地是利马，所以他们又继续乘船往利马赶去，这个时候海面上风很大，浪也很大，乌云也遮住了天空，虽然当时已经在热带地区，但是面对这样的天气，就算处于热带地区也不算太热，真正的热天，达尔文是见识过的。

没过几天，“贝格尔”号来到了加拉帕戈斯群岛，它们是一群火山岛，这里几乎没有人居住，船员们都下船来准备着自己舰艇上所需要的东西，比如淡水、食物、肉类。这些东西对于在海上航行的人来说非常重要，而他们在这里捕捉的动物就是一种巨龟，它们的名字就叫作加拉帕戈斯。有趣的是，它们都是在灌木中成群行动的。这些灌木生长得也不是很好，而且还长满了仙人掌，这一切都让人觉得难以靠近，所以也很少有人在这里生活和捕猎。

“贝格尔”号在这些群岛中绕了一个月，他们在每一个岛上停留、观察、研究，这些岛上总是藏着很多很有意思的东西，也有很多很神奇的事物。达尔文就见到了一些自己也不明白的事情，比如海蜥和鬣蜥一旦遇到什么让它们惊吓的事情，它们不愿意回到大海中，虽然大海是它们的家。

这让达尔文百思不得其解，难道鬣蜥的天敌是鲨鱼吗？为什么它们把海岸当作最安全的地方呢？这是一种天性还是后天养成的习惯，达尔文找不到答案。

还有这些岛上的鸟类也让达尔文大开眼界，这些岛上的鸟种类非常多，而燕雀类就占了一半，它们的颜色就像是这个岛的颜色一样，都是黑色的。但是除了颜色相同以外，他们还是有很多差别的，比如一种像欧洲锡嘴雀一样非常有力量的喙，可以把那些有坚硬外壳的坚果啄开；而另外一种鸟则是有又尖又细的喙，它们利用自己的喙来捕捉昆虫。他们都属于同一种雀类，而且又生活在相同的环境之下，为什么它们有这么大的区别呢？这一切都将达尔文置身于迷宫之中，什么事情都有问题，但是却无法找到答案。

而岛上发现的一些足迹更是让达尔文觉得很疑惑，这个岛上根本就没有人居住，而且在他们到来之前也找不到有前人来过的痕迹，但是却在这个岛上发现了一些足迹，达尔文仔细跟踪观察，最后发现这些足迹应该是岛上海龟留下的，这些海龟爬到水源地，时间久了以后就会留下一些痕迹。

其实达尔文后来才知道，第一批到加拉帕戈斯的人们就是靠着海龟留下的足迹找到了淡水的。不仅自然现象给达尔文出了很多谜题，就连负责管理这片群岛的副总督也跟达尔文说了一件非常奇怪的事，副总督尼古拉斯·劳森说：

“我一眼就能够识别出这些海龟是来自哪一个岛，因为来自不同岛的海龟有自己独有的花纹、体型。甚至他们的味道也很不一样。”

达尔文觉得自己非常的糟糕，因为他忽然意识到，如果每一个岛上的海龟都是不一样的，那么每一个岛上的鸟类也极有可能不一样，而自己之前收集的标本被他混合起来了，他很懊恼，自己怎么这么粗心大意，居然没有留意到这么重要的问题。

当他冷静下来回想的时候，他发现，那些岛上的鸟似乎都是有一定差异的。这种差异到底为什么会产生？这问题不由地让达尔文思考到另外一个更加深刻的问题，如果这些同种却不同样的鸟类和海龟都是上帝创造的，那么他们关于地球上生命的解释就显得非常矛盾，这个问题一直困扰着他，他甚至觉得这些问题如果有了答案很可能会给人们的信仰带来冲击。

当“贝格尔”号继续对阿尔贝岛的西南端考察的时候，舰艇停在了阿尔贝岛的邦克湾。休息一个晚上之后，达尔文又再次动身去对一个椭圆形的火山考察，在这个火山口的底下有一个蓝色浅湖，这个湖的水不是淡水，而是非常咸的海水。

更奇怪的是，在这个湖沿岸的悬崖边却生活着很多非常大的蜥蜴，有的甚至几米长，最奇怪的是他们脚上居然有蹼，可以在水里游泳。这种动物在西南和北面的岛上却看不到踪影，但是在这个岛上却像是岛的主人一样，到处都能够看到他们的身影。

达尔文通过对这些群岛的观察和研究发现，这些岛上的动植物应该和美洲的生物有血缘关系。

他的这个观念非常大胆，他发现很多现实情况和当时博物学界关于植物基因是由环境创造的观念有矛盾。因为根据现实中的情况，就算是在同一种环境下，相同植物之间也会有不同的特征。

根据这些考察和研究，达尔文最后得出结论：物种是多变的，是可以进化的。但是这个结论只解决了达尔文很小一部分的疑惑，他还思考：

“为什么这个岛上的生物会和遥远的美洲有血缘关系呢？”

在达尔文一个手稿中记录到：

“秦卡鸟，从外表来看，同智利的秦卡鸟非常相似，这是一种栖息在房屋旁、以啄食挂在房梁上的鸟肉为食物的鸟，它们跑起来非常快，叫声也很好听，它们筑建结构简单的窝，在这个岛上随处可以看到，它们还希望朝着又高又潮湿的地方飞去。我把从四大岛上弄来的几只鸟与查塔姆岛和阿贝尔岛上弄来的几只鸟作对比，发现它们其中的两只和其他的不一样。我想起以前有个西班牙人告诉我，他们能从龟壳上的轮廓和体积大小分辨出它们来自哪个岛。生存在这些岛屿上的动物有限，在构造方面并没有多大的区别。根据这种情况，我们推断出它们只不过是一些变种而已，但有一点可以肯定，福兰克群岛和西岛的狼形狐之间是有区别的。如果说这一点是有根据的话，那么这个岛上的动物们就非常值得研究。”

通过达尔文的这些手稿可以看出，此时的达尔文已经有自己独立的思考和新观念了。

抵达新西兰

“贝格尔”号在经过了一段非常长的航行之后来到了塔希提岛，他们在一个海湾中停下来，这个海湾比其他海湾更适合停泊船只，因为这个地方的地势比较矮，而且在周围有一些珊瑚礁可以挡住海浪的冲击，所以这儿的港湾会比较温和一些，非常适合停泊船只。

达尔文和船上的成员们可以安心地睡一个好觉。第二天醒来，船上来了几位客人，这些客人是当地的商人。这些商人告诉了他们很多当地的事情，并且和船上的船员做了交易。

而达尔文则趁这段时间跑到了一座高山上去了，他看到了爱米奥岛，这个小岛非常安宁，虽然岛在海上，但是却被一个暗礁保护起来了。

准备好备用品之后他们就继续行驶，他们下一个目的地是新西兰。但是要到达新西兰就要穿过太平洋，要穿过广袤的太平洋可不是一件简单的事情。

达尔文他们又历经千辛万苦，在太平洋上行驶了两个月才在远处看到新西兰。经过这两个多月的行驶，船上的人们对陆地产生了不一样的渴望，于是他们加快了马力，第二天“贝格尔”号就进入了群岛湾。

达尔文更是迫不及待地想要看到陆地上更多奇美的风景事物，于是第二天，达尔文自己就登上了这些小岛上，在这个小岛上达尔文看到了很多和现代建筑结构有差异的建筑遗迹。

但是达尔文并没有在小岛上停留太多的时间，他们很快找到了英国领事馆，并且和英国领事以及新西兰领袖一起进行了一次短途旅行。

这次旅行达尔文非常快乐，因为他正好赶上了圣诞节，这是他这么多年以来在纳西亚村度过了唯一的一次圣诞节，节日给达尔文带来了好心情。而且在这里，有肥沃的土壤、茂密的植物，也有很多贝壳杉松以及外来人带来的植物。只不过可惜的是，虽然有茂密的植物，但是却很难见到鸟类。

他们还了解了当地的一些习俗，参加了一位酋长女儿的葬礼……达尔文这一次短途旅行是丰富而充实的，但是很快他们就结束了这次旅行，达尔文重新回到“贝格尔”号，朝着悉尼前进。或许悉尼能给达尔文更多的诱惑和吸引力。

经过了十几天的航行，他们终于达到了悉尼，达尔文走在这座城市的时候感到非常高兴，因为这个年轻的城市建设得不错，宽阔、干净的马路，正规的街道，还有商店。

但是达尔文并没有沉浸在其中，他还是忘记不了自己的兴趣爱好，他很希望能够到内陆去看一看。于是他马上行动，找了一个向导和两匹马，就朝着内陆去了。他第一个目的地是一个叫作巴瑟斯特的小镇，虽然只是一个小地方，但却是一个大畜牧区的中心。达尔文很好奇，这个地方到底有什么特别之处，居然能成为一个大型畜牧区的中心。

达尔文刚到小镇的时候觉得这个地方风景没有什么特别的，但是却有一条非常漂亮的石子路，只不过这条路是由一些苦役犯修筑起来的。

达尔文还遇到了一些土生土长的澳大利亚人，他们都非常友好，总是会很认真地给达尔文介绍他们的生活，有时还会展示一些掷镖枪的技能给达尔文看。

虽然他们从各个方面来看都要比火地人聪明一些，但是他们却是不劳动的，也不住在房子里，所以他们并不希望盖房子，他们总是过着一种很随性的生活，想去哪里儿就去哪儿。

可是这样的生活方式却被欧洲人带来的酒和疾病所打乱，这些当地的澳大利亚人面对那些毫无抵抗力的疾病和不断减少的食物，他们只能听天由命。渐渐地，当地人数也在急剧下滑。达尔

最让达尔文感到高兴的是他居然看到了鸭嘴兽，这种动物本来只是在书中看到过，通过书中描写来想象的动物。

文在了解了这些情况以后，觉得欧洲人给这些土著居民带来了可怕的死亡。他认为这是一种非常糟糕的行为，他甚至对这样事情感到愤怒。

达尔文还是继续他的旅程。一路上，他先到蓝山，然后再上蓝山山顶，在山顶上，他看到了一片非常茂密的树林，在树林的右边有一个非常深的山谷，山谷的悬崖峭壁是完全直立的，甚至在底部的土地上长出了茂密的树林。

这一切都非常美，这样的美景让达尔文暂时忘记了之前的愤怒心情，他又一次沉浸在自己的兴趣中，沉浸在大自然中。他继续行走，穿过了芒特·维克托利亚通道，这个地方不像蓝山那里有茂密的树木，有的是一片一片的草地。

在这些草地上，有很多袋鼠跳来跳去，达尔文本来想要捉一只来研究一下，但是没想到这些袋鼠跑得那么快，他追了半天，费了很大的力气，一只袋鼠也没有捉到，不过却捉到一只小家鼠。他还仔细观察了一些白鹦鹉等鸟类，最让达尔文感到高兴的是他居然看到了鸭嘴兽，这种动物本来只是在书中看到过，通过书中描写来想象的动物。

接着他还踩到了一个圆锥形的坑，这种坑并不是什么人挖的，而是一种叫作蚁狮的动物挖出来的。

达尔文见到这种奇怪的动物，又不由自主地观察起来，他发现这种蚁狮挖出锥形的坑其实是为了捕捉苍蝇和蚂蚁，蚁狮幼虫从这些坑里喷出一股股沙子，让那些顺着沙粒流动的坑壁往外爬的昆虫自己跑到它的面前，然后就可以饱餐一顿。这一切达尔文在其他地方是没有见过的。

达尔文通过这些观察他得出结论：澳大利亚的哺乳动物群和世界其他地区的哺乳动物是不一样的。

一直到1月20日，这一天天气非常的热，风带来了很多从沙漠刮来的沙子。

达尔文还是继续向前进，他到了巴瑟斯特，这个地方非常干旱，河流都是干涸的，就连草都已经枯萎了。在这里达尔文并没有什么特别的发现，于是就返回“贝格尔”号上去。

“贝格尔”号又来到了塔斯马尼亚，在这里没有纯正的塔斯马尼亚人，因为他们已经灭绝了。那时因为英国人的到来，所以塔斯马尼亚人进行了疯狂的抵抗，但是最终还是没有成功，于是他们被赶到一个孤岛上，很快他们就灭绝了。

达尔文在这里研究当地的地质，他登上了惠林顿山，这座山上有茂密的植物，这里有高大的桉树，还有一种长得非常像树的蕨类植物。这让达尔文感到很惊奇。达尔文在这里考察了十天，然后他又和“贝格尔”号一起来到了澳大利亚最西南的地方——乔治亚湾。

“贝格尔”号在这里停留了达尔文认为“最无聊的”八天，其实说无聊是因为这里没有什么可以观察的，在这里达尔文找不到事情做，就连他最喜欢的大自然也没有给他什么特别的惊喜，甚至不具有任何考察的意义。达尔文在无聊中度过了八天。八天以后，“贝格尔”号终于从乔治亚湾出发，重新起航。

接着他们来到一个岛屿，这个岛屿上居住着马来亚人，这些人会在私人墓上跳“木勺舞”，他们通过这种形式来举行仪式。但是这里却没有值得达尔文考察研究的动植物，所以三天以后，达尔文和舰长一起参观了一个紧靠礁湖入口的岛屿。

有意思的是，他们看到了当地居民捕捉海龟的情景。海浪一次又一次拍打着岸边的岩石，这让达尔文印象深刻，他甚至在日记中写道：

“我很难解释，为什么这些珊瑚岛外侧海岸的景象总是让我感到极其伟大。”

接着，达尔文就到了西岛，在西岛干燥的陆地上，可以找到一种吃叶子的陆地椰蟹，达尔文记录了椰蟹吃叶子的过程，还有两种蓝绿色的鱼，它们居然吃珊瑚，并且像是小狗咬东西一样咬破那些珊瑚。

虽然这里有很多新奇的东西吸引着达尔文，但是达尔文还是要离开了，从他的日记中可以看出他很舍不得这里，他说：

“我很高兴我们访问了这些岛屿，这里的形成物无疑是自然界最神奇的现象。这并不是一下子就能够使我们的肉眼感到惊讶的奇迹，而是在经过了一定思考之后才使我们为之惊讶的奇迹。”

达尔文所说的没错。

其实在很多时候，达尔文很舍不得这些奇异的自然界和动植物，但他却能在这些研究和观察中得到理智的思考，而且向着更深刻的方向前进，这不仅是达尔文的一大进步，也为他以后的成功奠定了基础，为他找到人类和自然之间更多的秘密而打下了基础。当然最后他做到了。

“贝格尔”号返回英国

达尔文考察的地方一般是高山、森林、海岸边，但是这一次达尔文却很有兴趣地访问了一座城市。这个城市是在毛里求斯岛的北端，此时“贝格尔”号来到了毛里求斯岛北端。

这里是一个有着很多甘蔗的种植园，不仅如此，这里还是文化中心，有歌剧院、大型书店，这让达尔文觉得这里非常的好，于是就在这里逛了好久。

但是没几天，达尔文又回到了原来的自己，他还是对郊外和大自然更有兴趣。

5 月初，达尔文登上了城外 800 米高的拇指山。在这里虽然没有什么特别的收获，但是却让达尔文觉得心旷神怡，他觉得大自然胜过那些所有人造的风景。

达尔文一行人到了毛里求斯就被邀请到劳合大尉的别墅中做客。别墅是一个非常豪华的住所，它在离城市 3 海里的地方。一路上并不好走，甚至有一段路是需要骑着大象走的，大象在走路的时候却没有发出任何的声音，虽然它们很笨重，而且还驮着人，但是它们的步伐是轻盈的。

达尔文他们到别墅中住了两天以后就回到了“贝格尔”号上，然后“贝格尔”号继续向前行驶，他们离开了毛里求斯，绕过马达加斯加，到达非洲海域。

最终“贝格尔”号在四蒙士靠岸，跟往常一样，达尔文还是马上上岸了，他在卡普什塔得特一家特别大的旅馆里找到一个房间。这个城市本来是由荷兰人管辖，但是由于受到英国的影响，于是这里有英国人、荷兰人、法国人、马来西亚人、黑人和果天托特人。达尔文休息了一个晚上以后又继续考察工作。

他找了一个年轻的果天托特人当向导，开始了一次内陆的长途旅行。刚开始的时候，他在卡普什塔得特认识了一位英国作家，叫作约翰·赫瑟尔，这位作家的作品对达尔文的少年时代有非常大的影响。这次旅行除了遇见自己少年时候的偶像，还让达尔文了解了非洲南部的植物、土壤、地质构造和动物化石群的某些标本特征。

这些都让达尔文觉得这次旅行收获丰富，时间也过得非常充实。

接着，达尔文跟随“贝格尔”号又开始了航行，他们在7月8日那天来到了圣赫勒拿岛，这个岛上曾住着一位永久的居民——

拿破仑，因为拿破仑的墓地就在这座岛上。达尔文就住在这个墓地的旁边，但是他并没有对这个伟人产生什么兴趣，他只是图这里是市中心，去哪里都很方便。

在这里，天气不是太好，常常会遇到暴风雨，而且一旦有暴风雨就会非常寒冷。寒冷的天气达尔文什么也干不了。所以在下大雨的时候他就在住的地方写信给亨斯洛，他说：

“这里的天气是真正的暴风骤雨，如果拿破仑的灵魂在他被俘的那个可悲的地方游荡的话，那么这种情况对他那徘徊游荡着的灵魂来说，倒的确是十分合适的。”

从信中还可以看出，达尔文非常想念家人和祖国，原本只是计划一年的航海变成了五年，虽然在这五年里达尔文收获了很多东西，但是五年的航海和对生活的考察让达尔文感到非常疲惫，在信中，他还请求亨斯洛帮助他成为塞治威克地质学会的会员。可以看出，达尔文已经开始为自己在结束航海以后的生活做打算。

天气稍微有所好转的时候，达尔文就会马上出去在岛上观察，他这次主要研究的是岛上的地质结构。给达尔文做向导的是一个混血人种，这个人原本是个奴隶，幸运的是，他到了圣赫勒拿岛以后从东印度公司转归英国，就得到了解放。现在他年纪大了，从英国回来后，就在岛上生活下来了。

他带着达尔文到了很多地方去观察研究，达尔文发现，这里很多植物都是英国人运过来的，与此同时，他们还运来了一些鹧鸪和野鸡，这些动物在这个岛上繁殖起来，不过英国人为了这些鹧鸪居然做出了一个很自私的命令。

因为当地人为了生活会到悬崖峭壁上采集一种草，用它来提炼苏打，但是英国人却下令不许他们再去采集这种草，因为他们把这种草采了以后鹧鸪就没有地方筑巢了。达尔文听到这样的命令觉得非常荒谬，他们这样规定只考虑了自己，而没有考虑到当地人是否能够生存下去。

英国人这种做法不仅让当地穷人的生活走上了绝境，也给当地的动物带来了灭顶之灾。

当时植物运过来以后被种下，影响到了山羊、野猪和陆生软体动物的生存状况，其中，山羊和野猪已经彻底灭绝了，而软体动物则只剩下空壳，对当地本土植物的破坏改变了圣赫勒拿岛上的生态环境。

最终让岛上很多土生土长的动物就这样灭绝了，这些情景达尔文看在眼里痛在心上。达尔文一直在岛上待了四天，但其实他还意犹未尽，但是因为“贝格尔”号马上又要起航，所以他只好回到了船上。

“贝格尔”号再次行驶到达亚森松岛的时候已经是7月中旬，达尔文一大早就上岛爬山，所谓的山其实就是一个海拔800米左右的山丘，这种山丘长在黑色熔岩的表面上。

达尔文爬上的那个山丘是最大的一个，也是唯一有点植被的山丘，其他的山丘都呈现红色。有了植被的山丘可以为羊、牛、马提供饲料。

但是这个岛上有非常多的家鼠，为了对付这些家鼠，英国人带来了猫，但是猫的繁殖能力太快，于是猫又变成这个岛上的另一种威胁了。

在这个岛上达尔文很意外地接到了他妹妹卡萨琳的来信，信中说有一个地质学家叫作塞治威克的来到家里跟他们的父亲说：

“达尔文将在科学家中占据显要的地位。”

达尔文感到非常高兴，因为自己做的事受到别人的肯定，而且还是一位大地质学家的肯定，这不仅仅是光荣，更是对达尔文信心的一种激励。

但是让达尔文感到奇怪的是，为什么自己航行的资料和情况塞治威克会知道，他非常希望可以尽快回到英国亲自去见一见塞治威克，和他谈谈自己这么多年的考察心情。但是舰长很快打碎了达尔文的这个希望。

因为“贝格尔”号上的某些器材在确定经纬度方面存在一些误差，所以舰长决定让“贝格尔”号向西、向南、又向巴西进发，这样就意味着眼看就要到英国的“贝格尔”号又远离了英国的海域。达尔文和船上希望尽快回家的船员们都非常失望，他们觉得自己要回英国的希望被彻底打碎了。

“贝格尔”号在巴伊亚停下来了，达尔文这次却没有什么心情去考察研究了，一个是因为达尔文上次已经来过这个地方，另一个原因就是达尔文满心希望可以马上回到英国，而不是在这些地方打转。

他在岛上给姐姐苏珊娜写信，他说：

“我反复推敲着一个又一个形容词，我认为用这些形容词来把我愉快的心情传达给那些没有到过热带的人，那这些形容词就显得苍白无力了。这是一个巨大的、野生的、没有修整过的、五彩缤纷的暖和房，这个暖和房是大自然为自己创造的，但却被人类所占有……任何一个热爱大自然的人都有一个愿望，那就是如果可能的话，想去看看另一个行星上的风景，这个愿望该是多么伟大啊！但是实际上可以这么说，那真没有必要，对于每一个欧洲人来说，在离他的家乡只有几个经度远的地方，就有另一个拥有美丽景色的地方。”

达尔文之所以发出这样的感慨，是因为这个地方原本拥有大片的红树林，但是当他再次到来的时候，这里的红树林都被砍了，只剩下光秃秃的木桩子，达尔文看到这些别提有多失望了。

“贝格尔”号继续在海上行驶，他们走直线驶向佛得角群岛，但是不幸的是，他们又遇到了逆风，这意味着他们回到英国的时间又要延迟了。

8 月 12 日，他们进入了伯南布哥湾，它是巴西海岸上的一个大城市，处于一个平坦有沼泽的地方。

本来达尔文想要到陆地上走走，但是却遇到了大雨，最后还淹没了一些地方，所以达尔文只得在船上研究一些礁脉。

他们在这里停留了一个星期，8 月 19 日，“贝格尔”号终于再次朝着英国行驶，虽然达尔文已经在船上度过了五年的时间，但是遇到天气不好的时候，他还是会晕船，这次也是一样，他又经历着第一次晕船时的痛苦，能够支撑他坚持下来的就是他们离祖国越来越近了。

9 月 20 日，“贝格尔”号做了最后一次考察，这是一个叫作安格拉的小城市，达尔文虽然很想回家，但是这是最后一次考察了，于是他又跟着向导在这个群岛展开了考察。

在这个地方，达尔文发现一座活火山，它的风景、植物、昆虫和鸟类都非常像威尔士山上的某个地方。所谓的活火山是有热气不断从裂缝中喷出来，而在底下的活动就是地震。

接着他到了普拉亚市，这原本是一个大城市，但是因为地震毁灭了所有的东西，所以这里就萧条了，变成了一个很少有人居住的地方。

1836 年 10 月 2 日，“贝格尔”号在法尔茅斯靠岸，他们终于回到了英国本土，所有人都非常高兴。

达尔文很希望见到亲人，但是却始终觉得五年来考查的地方和人更有吸引力。

达尔文穿越太平洋、印度洋、大西洋的环球旅行以及对大自然的考察工作正式结束。

第三章

回到自己的故乡

写一本关于物种起源的书

达尔文马不停蹄地回到了什鲁斯伯里，到达这里的时候已经是晚上了，达尔文不想打扰家人，于是就自己一人在旅店里住了一个晚上，他准备养足精神以后再去见思念已久的家人。

第二天，达尔文早早就回到家里，看到了自己的家人，除了父亲老了一些之外，大家都和五年前差不多。但是达尔文在这五年里却改变了很多，他变得很有主见、有思想，虽然他在旅行中研究了很多科学问题，但是在家人面前，他还是和以前一样，可爱善良。

大家对于他的回来都非常高兴，毕竟已经五年没有见面，平时只是靠着偶尔收到的信件来联系。这一天，大家围在一起说着，家人不停地询问达尔文这五年的生活，达尔文则把自己在外面的见识都一点一点地告诉他们。

达尔文说，自己在这次旅行中对很多动植物进行观察和研究，他收集了将近两万种标本。他从这些标本中总结出了结论，这些物种都随着环境和地方的变化而变化。

达尔文甚至在晚年的时候也说：

“‘贝格尔’号在我的一生中有非常重要的作用，它甚至奠定了我的事业。”

就是因为在这次的环球旅行中，达尔文逐渐成为一位生物进化论者，他根据在考察过程中总结出来的三类事实做出判断：

第一，南美洲的东海岸自北向南，西海岸自南向北的生物类型是在逐渐更替；

第二，远古贫齿目四足兽的化石从结构上看，非常像南美洲特有的动物——犰狳；

第三，加拉帕戈斯群岛的物种属于南美洲类型，但是这个地方离南美洲有900多千米，气候也大不相同，不仅如此，这个地方的物种虽然属于南美洲的类型，但是又有所区别。

这三个事实让达尔文更加坚信地球上的这些物种都是由其他物种进化而来的，并不是什么上帝创造的，而且这种变化还一直在持续着，看不出来有任何停止的迹象。

休息了几天之后，达尔文就开始对自己的资料和收集品做整理工作。他希望自己能够通过这些资料来写一本关于物种起源和地质方面的书籍。

当然，达尔文没有忘记他的良师益友——亨斯洛，他觉得这位老师就像是一位巨人，能够站在非常高的高度来看所有的事情，这样一来任何事情也会变得更加全面和准确。

他希望得到亨斯洛的意见和建议，指导他之后的工作。他也把自己最近的计划和想法都告诉了亨斯洛，而目前最重要的是把他带回来的化石和标本都整理好，这样才能进行下一步的计划。

达尔文从环球旅行中带回了很多标本和化石，所以他必须花费大量的时间来分类、整理，但是整理这 2 万件左右的标本可不是一件容易的事情，怎么样处理才好，很多人给了达尔文很好建议，其中包括赖尔。

达尔文还没有回来的时候赖尔就已经向塞治威克说：

“我盼望着达尔文的归来，我希望你们能够尽早地让他到我这来。”

因为达尔文的很多观念都是以赖尔的观点为基础的，而达尔文的很多实验都能够佐证赖尔的观点。于是他们两人在很多时候都有共同语言，没过多久他们就成为好朋友。

最后达尔文听取了亨斯洛的意见，达尔文计划把动物的各科在剑桥的博物学家中加以分配，解剖学家和古生物学家奥温解剖一些达尔文用酒精浸泡的动物，伦敦大学的教授格特研究一些珊瑚，达尔文自己则主要研究地质学。

虽然这样分类了，但是因为准备工作比较缓慢，所以达尔文还是得亲自在场。达尔文为了可以方便研究工作，于是搬到了伦敦去住，这样才能更好地作出整理和分类工作，而很多时候这些专家们需要达尔文在场才能够对这些动植物进行研究，他们要听听达尔文的意见。

当把这些都计划好以后，他就开始工作了，首先要把自己所有的东西都从“贝格尔”号上搬下来，然后直接运到剑桥大学。当他把这些事情做好已经是10月份了。

当时达尔文已经成为地质学会的会员，再后来他又被选为动物学会会员。

其实等待着达尔文到来的不仅是赖尔，还有韦季武德一家，他们邀请了很多亲戚朋友，他们都希望可以看到达尔文本人，并且向达尔文询问一些关于整个航海过程中有趣的事情。

达尔文很耐心地解答了大家的疑问以及告诉大家关于自己航海中的很多事情，达尔文共享了丰富多彩的考察生活。

达尔文准备工作一直到12月初，他才到达剑桥大学，为了可以更好地按照他的计划进行，他在伦敦租了一个房间住。一切安顿下来以后，他觉得有必要把自己的航海日记整理并且出版，能让更多的人开阔眼界。而费茨罗伊舰长听到这个消息以后也打算把自己两次航海日记出版了，他建议和达尔文一起出版，达尔文也同意了这个意见。

于是达尔文和费茨罗伊舰长开始了对自己日记的整理，费茨罗伊舰长把日记分为三卷，第一卷为1826年到1830年之间在金克率领下的旅行，第二卷为1831年到1836年之间有达尔文参与的环球旅行，而第三卷就是达尔文写的《一个博物学家的日记》。

第三卷和前两卷不同的是，达尔文并不是以时间为顺序进行整理，而是以地理位置为顺序，他认为这样更能够让读者理解。在书中，他详细描述了关于各种动物的生活方式、风景地貌、地质结构，他还加入了个人的感受和印象。他这样的描写方式让文章更容易理解，更能够吸引读者。

但是在达尔文的日记整理到最后的时候，他忽然想到了自己在加拉帕戈斯群岛的时候思考的一个问题——物种起源的问题。他把《一个博物学家的日记》整理完成后，他让自己放了一个假，然后就准备自己另一本关于物种起源的著作。

这个时候，达尔文在剑桥大学有一点点名气，因为他回来以后做了两次报告，一个是《关于美洲鸵鸟》，另一个是《关于海岸新的上升》，这两个报告让他在学生之间有了一些威信。之后，达尔文还做了两次地质报告，这让他在地质学界也受到了广泛的好评。

但是出书并不是一件简单的事情，当达尔文对《“贝格尔”

号的动物学》这本书整理的时候，赖尔给了达尔文很多帮助，他们反复推敲、验证，让达尔文在很多地方的观念都变得非常严谨。就连一些曾经反对达尔文观念的人也渐渐对他开始认同，这是一个好的开始。

但是《“贝格尔”号的动物学》这本书中需要有大量的插画和表格，这些都需要自己花钱，而且不是一个小数目，于是达尔文就向政府申请资金，让达尔文惊奇的是，政府居然答应了他的要求，批准了他的申请。

政府批准了以后他需要把很多精力都放在这本书上，这让他更加忙碌，原本打算花更多时间来陪伴家人的，结果现在却完全没有时间回家看看家人。

而这么忙碌的生活也让达尔文的身体出现了一些问题，他常常消化不良，头晕眼花。这些问题一直缠绕着他，但是他却不愿意告诉家里人，因为这样会让家人担心。

达尔文的病情一直没有得到根治，只要他身体一虚弱，这些病症就会出现，这也困扰了达尔文的一生。

从航海回来以后，达尔文一直处于忙碌的状态，他不仅要整理自己的书籍，还要准备报告，他在地质学会做了一个《关于腐殖土在蚯蚓作用下的形成》的报告，让地质学会对达尔文产生了极大的兴趣，所以他们对达尔文做出邀请，希望达尔文可以成为他们学会的秘书。

“物种的灭绝取决于它是否能够适应不断变化的客观规律，如果能够适应它就可以生存，如果不能够适应就灭绝。”

达尔文虽然以“博物学”家自居，但是他自己也认为比较倾向于研究地质学，所以他可以胜任这个工作，但是他却一直没有接受，他认为自己接受了这份工作就意味着要花费大量的时间和精力在这件事情上，这样一来必然会影响自己的地质学研究。不过，最后达尔文架不住多次邀请，还是答应了，并且参与了此项他也认为很重要的工作。

当达尔文整理关于物种进化资料的时候，他发现地理方面的事实也提供了相同的证据。达尔文提出疑问：

“为什么在特定的地方就会出现某一种特定的动植物？灭绝的动植物种类是否能够留下后代？物种的繁殖就像个体繁殖一样，如果没有繁殖就没有后代了吗？在这个地方繁殖了，就会有后代，另一个地方没有繁殖，这个物种就灭绝了吗？”

另一方面，达尔文也做出回答：

“物种的灭绝取决于它是否能够适应不断变化的客观规律，如果能够适应它就可以生存，如果不能够适应就灭绝。”

在整理的过程中，他就这样不断提出问题，然后找到答案，一直持续了好久，不仅如此，他还把关于人类起源于动物的这种观点进行了各个领域的验证，其中包括物理学、天文学，他知道自己的观点必须要经受住各个领域的考验。

在不断工作的情况下，达尔文的身体没有好转，但就算是这样，达尔文还是对自己研究的动物学和地质学做出了总结。为能够让自己精神好一些，他决定到剑桥住几天，和朋友们见一见面，聊聊天。这样不管是自己的身体和心情都会好些。

这段时间，达尔文减少了工作，和朋友们在一起使他心情愉快，达尔文的身体也好了很多。在这之后，达尔文又到苏格兰去旅行，他去了英威涅斯山，研究了罗埃河谷的阶地。

在苏格兰，达尔文非常高兴，因为他骨子里始终是喜欢大自然的，很多时候在大雾弥漫的伦敦会让他觉得很压抑，所以当他在罗埃河谷的时候，他的心情非常好。

但是没有住太长时间，达尔文就不得不回到伦敦，他要赶到伦敦，写一篇关于阶地的论文在《会报》上发表，但是后来证明他在这篇论文中得出的结论是错误的，这件事对达尔文来说是一个非常羞愧的事情。

直到晚年，他还觉得这件事非常羞愧，从此以后他懂得了在得出结论的时候用排他法来进行检验。

到了 1838 年下半年，达尔文开始《珊瑚礁》的编写，为了让自己的工作和身体都能够保持在很好的状态，他严格地把自己的作息安排好，并且严格遵守。

他每天工作一段时间以后就必须要出去散步或者做点别的事情，有时候会和赖尔一起出去吃饭，跟朋友聊聊天，结束以后回家就开始工作。

这样坚持了一段时间，达尔文的工作进度很好，身体也没有再出什么毛病。在这期间，达尔文读了马尔萨斯的《人口论》受到以下启发：

在某些情况下，有利的变异被保存下来，而不利的变异却被消灭，最后可能产生一种新的物种。

这对达尔文来说非常重要，因为从这本书中他找到了很好的理论。其实这个时期的达尔文在谈论关于鸵鸟灭绝和保护的问题时，适者生存的理论已呼之欲出了。有了马尔萨斯的启发，使得这个结论更快产生了。

步入婚姻的殿堂

一个人最大的希望无非是工作和爱情都可以圆满顺利，达尔文在工作上获得了很多支持，工作起来非常顺利，但是在爱情方面，达尔文还是一个分数为零的学生。

达尔文已经意识到这个问题，在工作结束之后，他觉得很孤单，甚至没有一个人可以说说自己的心事，他很希望有一个安稳、温暖的家，自从有了这个想法之后他就开始考虑结婚的事情。这件事达尔文用了些心思。

但是这并不是自己想结婚就可以毫无顾忌结婚的，需要考虑的问题有很多，比如结婚之后自己的工作是否还能够兼顾，达尔文虽然想要结婚，但是却又有些害怕结婚之后带来的问题，所以他一直在犹豫。

后来他把结婚带来的好处和坏处都列出来。好处就是，孩子、永久的同伴、诱人的音乐和同令人迷醉的女人闲聊。坏处就是，如果孩子太多而需要很多钱来养家的话，那么自己就要花很多时间来挣钱。经过很长时间的挣扎，达尔文终于想通了，他认为：

“如果得不到亲近朋友的同情，那工作还有什么意思呢？对一个老年人来说，还有谁能比妻子女儿更亲近的呢？”

他希望自己拥有一个温柔的妻子，一个美好的家庭和很多书，放着舒缓的音乐，他在安静地看书，妻子在为他准备可口的晚餐。

在心理上，达尔文已经做好了结婚的准备，那么必须要有一个实际的对象来实现这个结婚的念头，而这一切来得非常迅速，达尔文在 1838 年向自己的表姐埃玛·韦季武德求婚，幸运的是，这位小姐马上答应了达尔文的求婚。

埃玛小姐和达尔文真正产生感情是达尔文十六岁的时候，达尔文到梅尔的乔赛亚舅舅家过暑假，于是他们俩建立起纯洁的感情，埃玛是一个聪明、美丽、温柔的姑娘，达尔文说他总是能够从埃玛小姐那里获得更多的快乐，他写给未婚妻的信中说：

“任何人任何时候也没有像我这样快乐，或者说像您那样善良。我能使您相信，在离开梅尔舅舅家很久以后，我还认为，我没能畅快地表达我是多么地感激您啊！这一点我是常常想到的；我发誓要使自己成为一个非常好的人，以便多少能够配得上您……我主要担心的是，在梅尔那种众多而友好的伙伴中度过的您，会认为，我们这里安静的夜晚将使您感到枯燥乏味。我亲爱的埃玛，我怀着极其温顺而感激的心情吻您的双手，这种心情充满了我的幸福之怀，我的最大愿望就是成为能配得上您的人。”

达尔文把埃玛小姐当作好妻子来看待，所以他希望自己能够成为一个合格甚至是满分的丈夫。

不仅达尔文非常喜欢埃玛，达尔文全家都很喜欢这个温柔的女子，再加上埃玛的哥哥也和达尔文的姐姐卡罗琳·莎拉结婚了，所以他们也非常喜欢达尔文这个年轻有为的小伙子。这使达尔文更加快乐。

作为当事人的埃玛小姐也对达尔文非常赞同，她给姨妈西斯蒙迪夫人写信，说道：

“当您想询问我查尔斯·达尔文的为人时，我认为他好的地方我甚至连一半都没有告诉您，因为我担心您会有所怀疑。他在上星期四和姨妈范尼来了，而且在星期天的时候向我求婚，而我也已经答应了。

“在这之前我完全不知道这件事，我非常吃惊。我想我们将保持像过去那些年所具有的友谊，而不是像在此事之后将发生的情况。我很难为情，但整天都充满了幸福感，因为家里客人很多，除了父亲、伊丽莎白、卡罗琳之外，我们谁都没有告诉。晚上我们到了他们的房间，我们坐了很久，一直谈到很晚，我感到饿了，于是汉斯利帮我们到厨房去拿了乳酪，找到了一块小白面包，两块牛油和一把小刀，还给我们做了一盘精美的小菜。我从前就知道，达尔文是一个襟怀坦荡的人，每句话都表现了他真正的思想。

“他是一个令人非常喜爱的人，他对自己的父亲和姐妹都非常有礼貌，他的性格非常温和。我感到高兴的是，他是一个积极肯干的人。我感到我每天的生活都是幸福的，查尔斯很喜欢梅尔这个地方。我相信，只要可能，他随时都准备到农村去，我并不像姨妈萨拉那样，查尔斯不喝酒，这一点我不在乎，相反，我认为，这一点倒是令人高兴的。对于我命运中这个真正的转折我本不想告诉您，但是我迟早得让您知道。休息一阵之后，我本已动身去做礼拜，但我发现，因为爱情我变成了一个白痴，于是又半路返回，你说这多可笑。”

无论从哪一方面来看，达尔文和埃玛都会得到幸福的，因为他们相互爱着对方，两家人也都非常满意，因为他们看到的是他们美满的幸福生活。

达尔文为了能够让埃玛和他结婚之后有房子住，于是花了更多的时间来寻找结婚之后伦敦的房子。

那个时候，达尔文早晨要写他的著作，到了下午他就要到伦敦哥哥住的地方看看有没有合适的出租房，他希望能够找到一个合适的房子给埃玛住，希望她住得舒服、开心。但是找了很久也没有什么进展，这件事被赖尔夫妇知道了，他们非常关心埃玛和达尔文的事情，都希望可以帮助埃玛和达尔文。

房子的事情最终还是在埃玛和达尔文一起看戏的路上解决了。这一天，埃玛和达尔文一起去看戏，在上高尔街的时候看中了一套油漆刷得很漂亮的房子。

不仅如此，这套房子还有一个小花园，这让达尔文和埃玛都非常高兴，他们需要这样一个小花园。很快，达尔文和埃玛就把他们的东西搬到这个房子里面了。

达尔文和埃玛的婚礼定在1839年1月29日，这一天，达尔文和埃玛都度过了人生中最幸福的一天，他们举行了婚礼，接受了亲人们的祝福，然后就一起到伦敦住了下来。

就算到了伦敦，他们还是接受了很多人的祝福，那段时间他们每天要接待很多慕名而来的客人和祝福他们的客人，这让达尔文非常高兴，因为他觉得有那么多人来祝福他们，他们的婚姻一定会非常美满的。

到访的客人都觉得埃玛是一个非常好的女子，她对待客人的时候热情有礼貌，而且从来不会不耐烦或者有别的情绪，她总是很亲切，总是微笑着，这让达尔文的很多朋友都非常羡慕达尔文。

他和埃玛的婚后生活就如同他想象得那样幸福美满。在结束了这一段朋友们来拜访的日子以后，达尔文和妻子基本就没有参与任何的社交活动，达尔文开始工作，而埃玛则照顾家庭，照顾丈夫。

不过就算是这样，达尔文在伦敦这种常常大雾弥漫的地方生活，健康还是出现了问题，没有多久，达尔文和埃玛不得不回到梅尔和什鲁斯伯里，他们希望换一个天气好一些的地方可以对达尔文的病情有所帮助。

值得高兴的是，达尔文和埃玛结婚一年之后，他们的儿子出生了。这是他们第一个孩子，达尔文也是第一次当父亲，这种喜悦简直比他第一次获得稿费还要高兴，他对孩子的爱充分显示出他作为一个父亲的强烈感情。

不过人总不会一帆风顺，这在达尔文身上更是有所体现。达尔文拥有顺利的事业和深爱的妻子，但是却在孩子身上让他伤心。他和埃玛一共有十个孩子，但是其中三个却早早夭折了。

而剩下的七个孩子虽然长大了，但是其中二儿子乔治、三儿子费朗西斯、五儿子霍勒斯在事业上都有成就，但是他们和四女儿伊丽莎白都患程度不等的精神病。而其他三个孩子没有什么缺陷却没有生育后代。不得不说这是达尔文一生最痛苦的事情，这伴随了他的一生。

《物种起源的概要》

完成了结婚这件大事以后，达尔文的生活更加稳定了，所以达尔文很快开始了工作，他希望可以尽快把自己关于地质的论文整理出来，尤其是关于珊瑚礁和南美洲的冰川。虽然那个时候达尔文的工作重心转向了地质学的研究上，但是他从来没有放下对物种和动植物变种的研究工作。

1841 年 1 月，达尔文找到了养禽专家福科斯，他希望福科斯把所有关于动物杂交之后的变化和记述都寄给他，这样他可以做出更加详细的研究，不仅如此，达尔文还要求福科斯如果他那里有杂家的非洲猫尸体的话，也留给达尔文。

这些东西在别人眼里都是一些垃圾，但是在达尔文眼里却是宝贝，因为他可以通过这些杂交的鸟、鸡、鸭的尸体里获得它们的骨骼，然后通过这些骨骼来研究物种杂交之后的变化，这些当然都是研究物种的宝贝。

与此同时，达尔文的《珊瑚礁的构造和分布》也在 1841 年出版了，这是达尔文出海考察的结晶。这本书和别的同类型的书很不一样，它不像别的书一样晦涩难懂，他写的这本书用了很精练高度的概括性，直接点出其中的内在规律，与他其他的著作相比较，更加通俗。

不仅如此，他的书内容非常广泛，描写得非常细致，而且他从来不在书中描述自己在考察过程中的诸多苦难，像是从来没有经历过一样。

在整个考察过程中，达尔文是以一个博物学家的身份去进行考察的，也就是说，他考察的方面很广泛，所以在他的著作中，他能够从各个方面来做出陈述，与其他人相比较，并非是以单方面的资料来描写。

虽然这本书有很多的优点，但是毕竟在航海的时候达尔文能查询的资料不多，所以有的地方解释得并不是那么清楚，这也是这本书的一大缺憾。这些达尔文是清楚的。

不过，读者似乎并不在意这个问题，他们非常接受这本书，而且非常佩服达尔文在考察中认真严肃、积极向上的精神。

在1842年的时候，因为身体原因达尔文和妻子回到梅尔和什鲁斯伯里住过几天。

本来到这里是希望可以好好休息，并且调理自己的健康，但在这里，达尔文和妻子都像是回到了家，他们非常喜欢这里的乡村生活。

所以达尔文不由自主地整理起物种起源理论的概要。在这里他可以呼吸新鲜干燥的空气，不用忍受潮湿的伦敦大雾，而且长时间以来他都在描写关于地质学的论文，这让他感到有些累，于是在这里的这段时间他希望自己能够脱离地质学的著作，认真地思考一下关于物种变化的问题，他要写出一本书。

他确信自己的观念没有错，物种是变化着的，而且一种物种可以演变成为另外一种全新的物种。现在最重要的是，他要怎样让大家接受他的观念，这种观念在得到大家赞同之前还有很多困难需要克服。

他希望大家可以摆脱“物种是被创造出来的”这种观念，所以他需要写出一本真实、公正的书。所以他就在梅尔和什鲁斯伯里开始写《概要》，为将来写这本书做出一个大致的计划和准备。

这份《概要》的手稿后来藏在唐恩庄园里一个楼梯下面的壁橱里。手稿在这里一直没有被发现，直到达尔文去世十四年之后，人们在重建庄园的时候才发现了它。

这份手稿修改得很厉害，而且很多地方是用铅笔写的，经过那么长的时间，上面很多字迹都已经看不清了。由于这份手稿只是一个概要，达尔文在写这个概要的时候也写得非常简明扼要，常常需要解释许多的事情他用一两句话就表达了。所以当他的儿子弗朗西斯·达尔文要把这份《概要》注释并且出版的时候，花费了很大的功夫才把《概要》中的全部内容搞清楚。

达尔文不希望一开始就写一些读者难以接受的东西，他希望可以通过这本书来对读者有一个潜移默化的影响力，让他们首先接受他的这个观点，然后再提出更加难以接受的问题。所以他选择从畜牧业和植物栽培这方面入手。

因为大家都知道，在这方面上，大家会通过改变动植物来培育新的品种。这是通过人为的手段来改变的，那么别的生物被大自然改变也是有可能的。所以他首先就用读者可以接受的方式来描述，让读者不至于刚开始看到就抛弃这本书。

找到了大致的方向以后，达尔文就开始对畜牧中的杂交现象开始研究。其实在每一次杂交之前，无论是什么样的品种，畜牧家都要挑选最好的种子或者是动物，这样才能够保证，即将培育出来的新品种能够保持原有品种的优良特性，不仅如此，而且减少病害的发生。

在这里是以人的标准来进行挑选的，既然大自然也是通过物种的挑选来进行的，那么大自然选择的标准又是什么呢？他们必须让优良的动植物生存下来，质量不是很好的就要被淘汰。这些品种就算在同样环境、同样母体下生存也还是会存在差异，就像是一对双胞胎，他们在母体中汲取的营养是一样的，但是他们出生以后也会产生差异。

其实人类在不知不觉中已经开始了运用“变异是伴随着繁殖的过程而进行的”这个规律了。

这一切的思想都在达尔文的《概要》中体现出来，达尔文还提出了影响生物的两种方法：

第一是外部条件的影响，这种影响是通过改变外部条件来进行的；

第二是通过人为的选择来影响，这种选择有一个非常有问题的弱点，就是人类的选择是以人类的利益为基础的，也就是说，人们只选择对自己有益的物种或是特性，而不管这样的特性是否会符合这种物种的生存。

达尔文把这种选择叫作“人工”选择，“人工”选择主要是同生殖有关的变异选择。

达尔文想把这种“人工”选择套用在自然界中去，原本他以为变异在自然界中比在人工培植下要少，但是后来他通过对材料的手记和整理才知道自然界中的变异也非常多。

不过，在自然界中的影响都是通过先天和后天共同作用的结果。他希望通过人工选择来过渡到自然选择这个层面上去，但是他必须要先解决两个问题，一个是差别的大小，另一个是家养变种彼此杂交的生育力优良情况和自然界的物种杂交的不育情况。只要弄明白了这两个问题，达尔文就能够面对那些持反对意见的人的提问了。

但是事情并没有想象中那么简单，达尔文找到了生育力方面的答案，物种在杂交的时候都有生育力，但是也存在各种不育的情况。但是又有新的问题让他疑惑，人类器官的发展和动物的适应性到底是什么因素让事情变得由简单到复杂呢？

最后达尔文还是找到了答案：复杂本能是由两个因素形成的，第一个是由天生变化形成的，第二是由习惯形成的。最后，达尔文终于找到了答案，人工选择对品种进行改变是没有束缚。而自然选择则是物种在自然界的环境压力下做出的改变，只有不断适应环境的物种才能够生存下来，也就是说适者生存。

达尔文还从地质学的方面来提出证据，证明自己的观点。地质时期的生物淘汰和生物的起源很相似，而某些物种是没有发展过程而突然出现的，是因为地质年代不完全造成的。

地质年代不完全的思想不仅用在生物方面，还在达尔文关于大陆升降问题的论文中起到了很好的作用，这种不完全是因为海底升高的情况下，大陆空间就会加剧物种形成，但是大量的侵蚀不能使遗迹保留，而陆地的下沉虽然对保持沉积层有好处，但又会使陆地面积缩小，最后使这些陆地上的生物灭绝。

通过不完全思想和大陆升降观点的结合，达尔文得出这样的结论：地质学是能告诉人们在历史的某个阶段、某个地方、某一类生物发展的一个侧面的。

达尔文还从地理方面找出了关于进化论的证据。生活在不同地区的哺乳动物群之间是存在差异的，而之所以有差异是障碍物的产生。借此，他提出了自然选择和障碍物作用的说法。自然选择的进化论观点在达尔文不断探索、不断提问、不断找出答案的过程中终于形成。

但是当时达尔文的身份更多的是一个地质学家，所以对他提出的进化论并没有造成什么影响，再加上他在整个理论中没有找到充足的证据，所以当时他的观念并没有得到认可。

科学永远是第一位

达尔文在思考了进化论的观点之后，把工作重心都放在了生物学上，他希望可以尽快把《物种起源》完成。所以他开始研究各种生物学的知识。

在研究的过程中，达尔文对鸽子产生了浓厚的兴趣，他知道鸽子已经在品种的杂交上取得了很多成功。所以达尔文很希望可以以鸽子为切入口，弄清楚很多疑问。

为了能够让自己了解更多资料和知识，所以达尔文总是会找到很多家禽类的专家来解答自己的疑问，就算是特别琐碎的问题，他也会很认真地跟专家们讨论。

在工作中，无论是什么样的疑问，他都会找到相关专家来商讨，而不是敷衍了事，这就是达尔文的工作态度。而且在很多方面他都会非常虚心地请教这些方面的专家，请他们解答问题，直到找到答案为止。

在经过将近两年的时间后，达尔文终于写出了 35 页的进化论的初稿。里面介绍了生物进化论的基本观点。

但是达尔文却没有急着发表自己的论文，他觉得在这个理论中还欠缺一些证据和理论来证明他的观点，所以他把这份稿子收了起来，又不断地寻找新的证据，希望可以让自己的观念更加充实和可靠。

在初稿完成了两年后，达尔文再次把这些稿子拿出来修改。第二稿写好了以后，达尔文还是觉得不够充分，似乎还差了些什么，但是达尔文自己也说不上来还差什么，于是就带着自己的稿子去找一些朋友，希望得到他们的意见。

赖尔曾经给了达尔文意见，希望他能够先把进化的观点发表出来，然后再去写他生物学的书，但是达尔文却觉得这是不可能的，他的很多理论都需要事实来证明，如果没有这些证明，那么观点怎么会成立呢？所以达尔文最后还是先继续写《物种起源》的第三稿。

不过让达尔文震惊的是，1856 年的一天，达尔文惊讶地收到一个消息，说自己的一位叫华莱士的朋友已经形成了“生存竞争，适者生存”的进化思想。

华莱士还希望达尔文能够对他的观点做出评价，并且帮助他发表。这让达尔文很是吃惊，华莱士研究物种的时间比自己晚很多，但是现在却是他先把论文写出来了，可这个时候，达尔文刚把书写完一半，达尔文忽然觉得心情很复杂，自己到底是对还是错呢？朋友们都在告诉达尔文不必再写《概要》。

而这个时候林奈学会提出证明达尔文观点优先权的证据，第一个是《1844 年概要》中的达尔文发表的《自然选择》；第二个是 1857 年 7 月 5 日达尔文给爱沙·葛雷的信，信中达尔文提到了自然选择的观点。这些都可以证明达尔文的观点一直都没有改变。

作为达尔文的朋友们知道这个消息以后都觉得非常震惊，他们知道达尔文给爱沙·葛雷的信应该是很早就交给学会的。在 1858 年 7 月 1 日的时候，林奈学会召开了全体会员的紧急会议，为的是选举一位新的协会副主席。

而在 6 月 29 日，达尔文把材料已送给虎克。30 日，虎克和赖尔同时把达尔文的材料交给林奈学会。但是在7月1日那天，达尔文因为身体原因没有出席这次会议，因为家里的一些事情，让达尔文的情绪受到影响。

而过了一个月，达尔文和华莱士的报告、虎克和赖尔的信以及林奈学会的会议记录都同时发表在学会的杂志上。是谁先发表观点的争论使达尔文打不起精神，让他觉得难受和痛苦，为了躲避这些痛苦，达尔文决定去怀特岛旅行。但是在旅行的时候，达尔文还是放不下工作，因为他没有办法搜集资料，所以他又回来开始写作。

他每天工作几个小时，就为了能够让巨著《摘要》尽早诞生，但是他很快发现了一个问题，他不愿意为了加快出版的时间而缩短自己著作篇幅，他觉得这样会有人贬低他的思想，所以他尽量保证很多证据都能使用，但是这样做的后果却使《摘要》里的内容仅仅是自然选择的第一章就占了44页。

为了解决这个问题，虎克帮达尔文想了一个办法，就是把书分成一个一个单独的报告，这样就可以一边出版，一边写作了。达尔文表示同意，要首先发表《在家养下的变异》。在这个时候，达尔文已经完成了手稿的三分之二了。

当时的动物学家理查德·奥温介绍了达尔文和华莱士的观点，他把创造力和预先规定的生物形成原理相结合起来。奥温认为，他们的观点只是把他的“原理”推广到用变种代替典型生物的层

他不愿意为了加快出版的时间而缩短自己著作篇幅，他觉得这样会有人贬低他的思想，所以他尽量保证很多证据都能使用。

次上。

这位生物学家的观点，让一部分赞成他的人认为物种起源是通过创造活动，而反对的人则说物种起源是“自然”进化的过程。虽然这些观点奥温有误导之嫌，但是却给达尔文带来了名气，很多著名学者和专家都希望能早日看到达尔文后面的著作。

但是达尔文的《摘要》写得非常缓慢，过了四个月他才写好了地理分布的一章，当他在 3 月 16 日写完这本书的最后一章的时候，他马上把书寄给虎克审阅。

这个时候很多出版商都愿意为达尔文出版这本书，达尔文高兴之余还是希望能够得到赖尔的一些指导，所以他又去请教赖尔，希望赖尔能够给自己一些意见。

这个时候达尔文已经选定了当时有名气的出版商穆瑞来出版。但是他们在书的标题上发生了争执，达尔文希望把书的名称改为《关于通过自然选择的物种和变种的起源一书的摘要》，但是穆瑞则觉得书名太长，坚持使用《摘要》就行了，而赖尔也同意穆瑞，他觉得“自然选择”这个术语并不适合。

但是达尔文还是坚持了自己的观念，他认为这个标题刚刚好，术语的使用是要让大家知道家养动物和野生动物的研究或者育种原则的共同性。

虽然大家同意了达尔文的说法，但是这本书的出版并不顺利，因为达尔文对于这本书的文体非常不满意，于是他又对这本书重新修改。他几乎又重新写了一遍。

他让这本书更加容易读懂，而且事实、用词都必须要准确。为了能够让书保证质量，他还把书寄给自己的朋友，广泛征求多方面的意见，希望他们能够提出一些更好的意见来。

这本书原本在4月排版，最后到了10月才最终校完。到了1859年11月24日，达尔文的这本巨著《关于自然选择和物种起源》终于出版。

这本书以自然选择为中心，从遗传、变异、人工选择、生存斗争和适应等多个方面来论证了物种的起源。它是生物学研究史上的里程碑，是生物进化论的重要著作。

这本书一共印刷了1250册，但是仅仅在一天之内就全部销售一空。其实在林奈学会会议期间，人们议论纷纷，大家就知道达尔文正在写一部关于物种起源的著作，所以大家非常期待，而奥温在会上的发言也为这本书做出了宣传。

而且达尔文并没有因为华莱士发表论文这件事和华莱士发生争执，他也没有提前发表自己的论文，事实上是和华莱士一同发表，这让华莱士觉得非常敬佩达尔文。

直到后来华莱士读了达尔文的《关于自然选择和物种起源》这本书，他就更佩服达尔文，因为达尔文在书中阐述的观点合理，而且非常讲究，所以华莱士觉得自己很多地方做得没有达尔文好。

他甚至提议把生物进化论命名为“达尔文主义”。就这样，达尔文和华莱士在这件事之后建立起了深厚的感情，他们都是把科学放在第一位的人。

在最终校订完《关于自然选择和物种起源》之后，达尔文的身体健康越来越差，于是他到约克郡的一个水疗机构休养去了。在那里休息了三个星期，这段时间他得到了很好的休息，身体也渐渐好转起来，达尔文非常高兴，因为他又可以投入到他所钟爱的研究工作中了。

第四章

划时代的理论“物种起源”

关于《物种起源》

达尔文二十多岁的时候就进行了环球旅行，旅行结束后的日子里，他进行了对旅行搜集到的各种标本和化石进行研究，这个过程维持了差不多二十年。在这么长的时间里，达尔文除了对事实进行研究外，还在思考隐藏在事实背后的问题和规律。

最终他把研究出来的成果写成了《物种起源》一书，书中汇集的是达尔文将近二十年的智慧和心血。这本书的出版引起了大家的广泛关注，也引起了很多人讨论，导致很多人对生物学的认识有所改变，而且大家都明白这个世界并不是由上帝创造的。所以，《物种起源》被科学界称作是 19 世纪自然科学影响人类思想的三大发现之一。

但是一旦有新的观念出现，就会有支持者和反对者，很多反对者虽然无法用理论和事实证明达尔文是错误的，但是却采取了另外一种粗暴、野蛮的方式来攻击达尔文。

这些攻击虽然激烈，但是最后都被达尔文不断增加的支持者理论和事实所打败。而《物种起源》这本书变成了重要的武器，打败了很多想要通过一些不正当、不公平的手段阻止达尔文的人。但是后来的反对者中间也出现了一些渐渐支持达尔文思想的人，他们接受了达尔文，接受了达尔文的理论，成了达尔文思想的追随者，这使达尔文特别高兴。

虽然达尔文的书和理论受到了大家的追捧，但是达尔文的观点还有一些问题：第一是变种如何成为特性稳定的物种，第二是变种为何没有过渡期？达尔文在《物种起源》这本书中研究了“中间类型的性状分歧和灭绝原理”。

达尔文认为，近似类型物种之间的生存斗争特别激烈，竞争者的生活方式和特性越相似，彼此之间的竞争就越激烈，反之，随着新的不同特性的获得，竞争也逐渐减弱。

达尔文总结了物种类型的性状分歧和灭绝原理。他举出一个例子，一只狼想要获得食物就要捕食鹿和羊，所以就需要狼跑得很快，而且要有很大的力量来制服羊和鹿。渐渐地，那些跑不过鹿和羊的狼自然就无法生存，也就形成了自然选择，适者才能生存。

在某方面有专长的极端类型。物种后代差异越大，彼此间习性和特征的区别越大，则在自然界中争得的空间就越多，竞争相对减少。而任何生物的变种都有一个过渡的时期，这种时期是把简单的事情变成复杂的事情，达尔文还在自然界中找到了一些变种过渡的例子来证明这些情况。

达尔文作为一个科学家，一直坚持一条原则，就是“一位科学家越是诚实，对自己要求越严格，那么别人想要反对他就越困难”。所以在写《物种起源》这本书的时候，达尔文就已经坦白地说过这本书中的几个难点，并且鼓励反对者对自己书中的难点进行提问和辩驳，而且在这之前，达尔文已经把所有可能想到的异议都设想到了，他认真地研究了这些异议，努力从自己的观点中找出理据支撑。

他希望自己这本书可以经受住任何人的推敲和考验。不仅如此，达尔文在书中还详细记录了生物的地理分布及生物在哪些方面的不同进化情况。

他以生物的分类、生物的体系、以“性状分歧”原则的观点来解释“系谱表”，充分证明了属于同一类别的各种类型具有一般远古性状。达尔文从这一切研究中得出的结论就是，物种通过自然选择而起源的理论要比创造论者的理论优越得多，也真实得多。

所以华莱士对于达尔文这本书非常推崇，甚至他这样评价达尔文：他的成功是不间断的，成功却总是跟随着他。其实《物种起源》这本书是以 1842 年和 1844 年的《概要》为基础写成的。最后出版的这本书要比《概要》更加详细，他在很多章节中加了很多资料，让这本书的证据更加充足、内容也更加丰富。

达尔文也把一些没有实际意义的章节删除了，而增加了关于中间类型的性状分歧和灭绝原理、鸽子的起源这两个部分。通过对原来纲要的删减和增加，让这本书从很多地方来说都更加充实和饱满，也让这本书在理论和事实之间联系更加紧密。

达尔文总是让“物种借助自然选择而进化的观点比每个物种是由创造而产生的旧观念更加优越”，也就是物种不是上帝创造的，而是自然选择的这个观念贯穿在这本书中，因为只有让读者根深蒂固地相信这个观念的时候，他在书中的很多理论才更容易让读者接受。

达尔文的这个理论都有很强的逻辑性，面对理论中的一些难点，他总是拿出大量事实和根据来驳倒一些异议。

但是还要照顾到读者在读这本书的时候的状态，如果只是一味地讲述事实和例子，那么读者只会记住很多事实和例子，甚至被这些绕晕了，所以必须要有详细的描述，并且要安排在适当的地方写出以便突出重点，否则读者读完这本书以后会失去方向。达尔文做到了既让读者记住自己要表达的主要内容，又对很多详细地方的描写拿捏得恰到好处，这样又突出重点，又保证了细节处的质量，所以《物种起源》这本书定是一部理论著作，又是一本科普读物。

为了能够让读者更加容易地得出结论，达尔文在书的末尾写了一个《复述和结论》，在这部分里，他把人工选择和自然选择理论的结体原理进行了详细阐述，还集中检查了所有的论证。读者虽然可以很轻松地得出结论，但是达尔文还是担心自己这本书会让大家觉得难以读懂，于是在每一章的最后都加上一句总结性的结束语，而且为了引起大家的注意，他通常会使用大写字母写上内容的名称。

在《复述和结论》的结尾有这样一句话：

“我相信‘自然选择’是最重要的因素，但不是世界上仅有的变异因素。”

《物种起源》分为十四章，每一章都有自己独特的结束语，下面就摘要了一些比较有代表性的内容。

第一章《在家养下的变异》的结束语是：

“选择”的累积作用，无意识地、缓慢地但更有效地进行，或者是有计划、迅速地进行，找出这些引起“变化”的原因，似乎是我们需要的最重要的“力量”。

第三章《生存斗争》的结束语是：

当我们想到这种斗争的时候，我们可以引以自慰的是自然界的战争是有间断的，而且不会感觉到任何恐惧，死亡一般是迅速的，而强壮健康和幸福的生物则得到生存和繁殖。

第四章《自然选择》，这是全书最重要的一个部分，在结尾处，达尔文采用了一种比喻的方式来进行阐述：

我认为同纲中一切生物的血缘关系有时可用一株大树来表示。这个比喻是很符合实际情况的。绿色的、发芽的小枝可以代表现存的物种；数年前生长出来的枝条相当于要灭绝的物种。在每一个生长期中，所有小枝都向各方伸出嫩枝企图遮盖并弄死邻近的枝条。

在物种群的生存斗争中，每个物种时时刻刻都在战胜其他物种，正在分枝为各个小枝，当它们还是细小嫩芽时，新旧芽由分枝相联结的情景可代表分群后现有的和灭绝的物种。当这株树仅仅是一株矮树时，也许只有两个或三个小枝被保留下来，后来成长为大枝，并且负担着其他枝条；同样生存在久远的地质时代的物种，只有少数物种遗留下来了现在变异了的后代。

从树开始生长的时候起，很多巨枝和大枝都已经枯萎脱落了。这些枯落了、大小不等的枝条，可以代表那些没有现存代表、已成为化石状态的全目、全科以及全属。

比如，在某些地方我们可以看到，在已成为废物的旧树枝上生出的细小枝条，由于偶然还在顶端生长着，我们可以看见鸭嘴兽或鱼之类的动物在某种程度上的物种延续了下来，在竞争中没有被淘汰。

生长出的新芽，健壮的则分出枝条遮盖和压倒四周较弱的枝条。所以我认为，这巨大的“生命之树”在其传宗接代中也是这样的，用他的枯落的枝条填充了地壳，并且用它新生不止的美丽枝条遮盖了地球表面。

第六章是《学说的难点》，这一章的结束语是这样说的：

人们都承认，一切生物是依照两个大法则即“模式统一”和“生存条件”形成的。我在我书中有说明。模式统一是指我们在同纲生物里看到的，与生活方式毫无关系但构造上基本相似。

生存条件法则，实际上源自器官本身受到外界生活条件的直接影响，且在任何情况下都受生长和变异各法则的支配。因为通过以前的变异和适应的遗传把“模式统一法则”包括在内了。

第八章《本能》的结束语是这样的：

有些东西，比如婴儿刚生下来就会哭着要吃奶，人饿了要吃饭，人渴了要喝水，困了要睡觉，这些都是属于本能而非物种进化，这一点我必须要跟大家说清楚。

第十章《论地质记录的不完全》的结束语达尔文用了恩师赖尔一个很好的比喻：

我们的力量是比较小的，研究的范围也不会大，只涉及一部分地区和国家，因此我们的成果是不全面的，有些甚至是错误的，所以还需要更多的人深入考察研究。

第十二章和十三章是《地理的分布》。所以只在第十三章里的结束语中有所说明：

在我们的书里，任何物种变化都是具有连续性的，从远古到现代，他们之间都有连接性，这里的一切都不会中断，这种变异也是自然发展的必然结果。

达尔文在写这本书的时候充分照顾到了读者看这本书的思维和困难，所以在很多时候读者虽然读的是一本很专业的书，但是却能够很轻易地读懂里面的理论和观念，所以人们都非常喜欢这本书，有很多人都会以这本书为话题，讨论书中的内容。

然而也有人对这本书提出了自己的看法和意见，但达尔文都非常虚心地接受了。虽然说这本书受到大多数人的欢迎，但是依然有一些反对者，比如一些宗教信仰者，或者一些抱着所谓科学态度来给达尔文指出错误的人。

这些人无论出于什么样的动机和原因，达尔文都虚心地接受了他们的意见，因为达尔文知道，任何一个新的观念都会成为争论的中心，而达尔文坚信自己的观念是可以经受住时间的考验，并且最后会得到所有人的接受，事实也是如此。

出版第二部巨著

达尔文在 1868 年出版了自己的第二部巨著——《动物和植物在家养下的变异》。这本书是达尔文出版的第二本书了，所以

其实达尔文不仅使用了自己的研究考察结果来证明自己的观点，他还大量使用了很多前辈的论据和调查研究来证明自己的观点，当然，他在引用的时候都会加以注明，这样就不会引起大家的误解。

相比第一本，他的思想又有了很大的进步，更加成熟了。这本书是对进化论更进一步的阐述，包括对变异、遗传等原因及其法则还有他创立的“泛生论”。

这本书可以说是《物种起源》的补充，《物种起源》的内容主要使用摘要的形式，而有关的所有事实都在这本新书中。这本书主要是从家养动物和植物栽培的角度来阐述进化论，其中记述了很多达尔文观察家养动植物的材料。

在写这本书之前，达尔文计划把他的选择论和进化论连同各种说明“赞成”和“反对”的理论事实一起提出来。最后达尔文终于在这本书中得到了实现。而且达尔文的这本《动物和植物的变异》不仅出版了德国版，还出版了俄文版。在俄文版的书中，达尔文增加了一个小标题：

《物种起源》第一部。

这本书中引用了大量的引文，而且还加入了非常多的资料，比如一些在实践家和理论家那里拿来的资料和信息。其实达尔文不仅使用了自己的研究考察结果来证明自己的观点，他还大量使用了很多前辈的论据和调查研究来证明自己的观点，当然，他在引用的时候都会加以注明，这样就不会引起大家的误解。

在书的前十章里，达尔文详细介绍了家养动物和栽培植物，从它们的祖先开始研究，然后不断记录它们被人工养殖起来以后发生的变化。

在书中，达尔文对植物的论述有非常大的进步，书中说由于嫁接而生的新品种与杂种的植物，所得出的结果没有什么太大的区别，他还发现植物是无性交配的。

达尔文对于遗传也有自己独特的看法，他说：

“当一种新的性状产生出来的时候，不管它的天性怎样，一般都具有遗传性，尽管这种遗传性似乎是暂时的，然而有时却表现得极为顽强。还有比以下情形更加不可思议的吗？原来不是某一物种所具有的某种微小特点，先通过连肉眼不能看到的微小雄性细胞或雌性细胞传递下去，然后经过在子宫或卵巢中进行长久发育过程的不断变化，最后这一特点在后代成熟时出现。还有，由一头产乳量高的母牛产的卵生出一头公牛，这头公牛的一个精细胞与一个卵细胞结合之后，又产生出一头母牛，当这头母牛长大时，就会有很发达的乳腺，产出具有特殊品质的牛乳，还有比这确凿的事实更加不可思议的吗？但是，正如兰德爵士所指出的那样：‘真正值得惊奇的问题，并不在于一种性状会遗传下来，而在于某些性状有时并不遗传下来。’”

有非常多的事实都证明，动植物由于做某种手术而发生的变异或者是损害可以遗传给后代。这些达尔文有足够的证据。所以很多实践家们都通过建立动物系谱的方法来培育符合人类需要的品种，这样很多优良的品质都会遗传给后代。

但是很多时候有很多性状都在证明一件事，有的遗传性状可以遗传，有的不可以遗传，至于为什么这些性状有的能够遗传，有的不能够遗传，而且在什么样的条件和时间下，有什么样的性状可以遗传？大家都还处于无知的阶段，这些都是达尔文想要知道并且需要知道的。他对于这方面也做出了深刻的研究：

“我们都知道，很多物种在自然条件下生活时，把同一性状保持了很长时间，便把他们圈养起来，所以，没有任何性状看来是绝对固定的，有时我们可以用生活条件改变某些性状的发展来解释遗传的停止。”

达尔文在研究植物杂交过程时发现，在杂交的过程中，当植物无法自花授粉时，就会有别的过渡形式，以此来进行授粉行为。比如，有些植物在进行异花授粉时会产生大量的种子，这些种子发出的苗矮小一些；有的则是会产生子花授粉，这样就会产生很少的种子，甚至不产生种子。达尔文不仅对植物产生了非常大的兴趣，还研究了返祖现象。

返祖现象就是很多祖先具有的特性在几代的后代身上都不会体现出来，却出现在更往后的某一后代身上，这种遗传是属于隐性遗传。在遗传的领域，不仅这些，还有很多奇怪的特性，比如某些特性只是通过某一性别才能遗传下去，或者在某个年龄呈现出来的性状遗传，以后也只是在这一年龄才会体现出来。

达尔文在研究动物杂交的时候还发现：血缘近有害处，血缘远有好处。这些发现都对生物学起到很大的作用，让他所著的书更加充实和丰富。

在达尔文著作的倒数第二章提到了泛生论，这种理论认为不管什么物体，它的任何一部分分离出来，都有能独立进行遗传和能独立得到营养的遗传粒子——芽球，这些芽球聚集在性的产物中，每一芽球都能在下一代身上把已成为芽球起源的那一部分恢复，也就是说有一部分遗传基因现象。

这种泛生论的假设最后被证明是正确的，这让达尔文在接下来的理论建设中更有依据和基础。虽然这个设想已经被证实是正确的，但是其中也存在一些问题。

比如在发育的哪一个阶段分离出芽球来？他们是如何在生殖器官中结合起来的？为什么植物和珊瑚发芽的地方是固定的？芽球在体组织消耗中也要消耗吗？芽球是不是总是游离的，他们可以成为更加复杂的芽球吗？

这些问题其实都还没有得到证实，也都还没有答案。这些疑问导致很多人都不支持达尔文的观点，不过这并没有影响达尔文的立场，他始终坚信自己的观点是对的，于是他把原稿寄给了赫胥黎，他在信里说：

“我必须对自己说一句话，我是一个真正的英雄，我居然敢征求你的意见。”

其实很多事情，达尔文都会询问赫胥黎的意见。只不过这一次，达尔文并没有得到肯定和支持的回复。

赫胥黎说：

“这种假设布丰先生以前就说过，而且其中一部分也由邦纳先生解释过。”

他劝告达尔文放弃这个理论。不过达尔文还是没有听赫胥黎的话，他再次写信给赫胥黎反驳道：

“我已经读过了布丰先生的书，可笑的是，虽然有好几页跟我写得一模一样，但是我发现布丰先生的观点和我的观点有一个非常根本的差异，那就是他不认为每一个细胞或组织的原子都会生出一个小芽；相反，他认为液汁或者血液都是由‘有机分子’组成的，而且有机分子能供营养给任何一个器官，而如果这些有机分子已完全发育成熟的话，就能聚集起来而形成芽和性器官。”

发展到最后，达尔文还是没有听别人的劝告，出版了这本书，发表了自己的这个理论，大家对于达尔文之前出版的《物种起源》非常肯定，但对达尔文这本书却引起了很大的争论，大家都争相购买这本书回去阅读，所以这本书第一版印了 1500 册，马上就被大家抢购一空。而后出版商继续加印了 1500 册。这本书出版之前虽然并不被达尔文的朋友们看好，但是最后还是受到了大家的欢迎。过了七年，达尔文又重新整理了此书的内容，重新出版。

一位炙手可热的博物学家

达尔文在 19 世纪提出了进化论，给人们思想带来冲击，尤其是对“神创论”这一学说进行了反驳，使得达尔文成为一位炙手可热的博物学家。

其实在整个生物进化的历史中，地球上出现过无数物种，其中也有无数物种灭绝了。到目前为止，地球上曾经存在过的所有生物物种中大约只占有百分之一，所以物种的新生和物种的灭绝都是研究生物不可回避的两大问题。

达尔文自然也没有忽视这个问题，他认为，物种的灭绝和物种的新生都受到同样因素的影响。大自然是公平的，要想在这个自然界中生存下来，就必须要有适应自然的独特特性，无论是哪一个物种，如果无法适应自然，那么是没有能力生存下去的，也不可能拥有繁殖能力。

当某种变化中的种群因为某种原因与主题演化趋势隔离而不能再发生杂交时，就会变成一个完全不同的新物种。所以任何物种都没有办法逃脱出大自然的选择，而选择的结果就是适者生存，而不适应者自然也就会被无情地淘汰。

达尔文对这些自然规律有这样的解释：

“我想，生物界将不可避免地遵循这一规律，在时间的长河中，新的物种通过自然选择应运而生，而另一些物种则日趋减少，乃至灭绝。起源相近的生命形式，同一种群的各种变体，同一属或相关属的物种，都具有近乎相同的结构、素质和习性，通常会陷入最激烈的竞争之中。结果，造成每一个变种在演化进程中势必对最接近的族群施加最大的压力，并力求置之于死地。”

当时人们用达尔文的适者生存的规律看待恐龙和一些古生物，认为他们之所以灭绝是因为他们失去了生存竞争的能力。就算是那些最强壮的动物也不可能抗衡这种自然规律。

达尔文把大自然比喻成为一个“由成千上万个楔子紧密排列的弹性面，受着连续不断的敲击，有时候敲到这个，有时候敲到那个”。

所以无论是哪一种生物想要进入大自然，都必须要有另一种生物灭绝，腾出空间才能让生物进入。

达尔文的这种思想其实是来自于马尔萨斯的人口增长空间有限论，这个理论可以说给了达尔文启示，所以他创建了自己的种数空间有限论。

从达尔文的自传中就可以看出，达尔文说：

“1838 年 10 月，正是我进行系统研究后的第十五个月，我偶然读到了马尔萨斯的《人口原理》。当时，我的脑海里已经孕育了生存斗争的思想，根据对动植物生活习性长期不断的观察，我发现这种斗争无处不在，马尔萨斯的著作立刻吸引了我。在有限的空间里，只有适者才能够继续存在，适合的物种才能存活，而不适者势必遭到淘汰，结果形成了新物种。于是，我终于找到了一种继续工作的理论基础。”

虽然这种思想在很久之前就已经在达尔文的脑海里产生，但是达尔文觉得他还需要更多的论据来完善这个理论，所以他一直等到了1858年，这个思想才在《物种起源》这本著作中发表出来。

其实这个理论也带来了一些趣事，原本达尔文写《物种起源》的时候，华莱士也在对相同的问题进行研究和思考，并且打算发表论文，也正是因为这样，达尔文才会在这一年提前出版《物种起源》。而到了“种数空间理论”的时候，没有想到，产生了这样的巧合。

华莱士在几内亚的一个小岛上也看了马尔萨斯的《人口原理》这本书，几乎是在同一时间，华莱士也产生了和达尔文相同的想法。不得不说，达尔文和华莱士就像是双生兄弟一样，总是能够想到同样的问题，得到相同的理论。

华莱士在自传中说：

“我当时身患疟疾，在摩鹿加岛上的特尔纳特村，每天要忍受几个小时忽冷忽热的煎熬。在病中物种起源的问题一直萦绕在我脑海里。某一天，我突然想起了马尔萨斯的《人口原理》所谓的有效控制机制——战争、疾病、饥荒、突发事故等，这些机制可以控制野蛮民族的人口。于是我联想到，这种控制机制当然也适用于动物，其数量不至于无限增加。但是对这些控制作用如何形成，我只是有一些模糊的想法。然后一瞬间，适者生存的思想闪过我的脑际。总的来说，这些控制作用将使较劣者灭亡。

“我想到，动植物的每个新世代都存在这样的变化，同时，气候、食物和天敌的变化也在不断地进行。物种的变化过程使我的脑子逐渐清晰起来。就这样，我在病发的两个小时里悟出了这一理论的要点。”

其实华莱士和达尔文他们是好朋友，他们有相同的思维，甚至可以说他们能够走出一条比较相似的路来，还因为他们对科学的这种执着的精神，让他们总是可以发现别人无法研究到的东西。可以说，达尔文与华莱士这两位科学巨匠，都给人类带来了惊喜。

什么是“达尔文主义”

曾经有一段时间，达尔文的思想被大家统称为“达尔文主义”。所以只要大家一说达尔文主义，所以人都知道这是在说达尔文的思想，但是也因为这样，导致了很多矛盾。

其实达尔文的思想是非常丰富而且具有很强的逻辑性的，但是很多人只是把他自己知道的那一部分思想拿出来说，于是就容易造成混淆。所以要了解达尔文思想的整体，才可以真正体会到“达尔文主义”所要表达的内涵。

达尔文的思想理论主要由五个部分组成，虽然表面上看它们都是相对独立的，但是只要互相了解之后，才能够真正明白达尔文理论的精髓，我们就一一说来。

第一，进化论。

这个理论并不是由达尔文创造的，但是他却是把这个理论丰富起来的人。在这个理论中，达尔文说世界是发展式地演变的，而非固定不变的，也不是循环式地变化的。

第二，共同祖先学说。

这个学说其实是把人归到和动物一个层次的理论。因为在这个学说中，达尔文提出，地球上的生物都是由同一个祖先发展而来的，人类只是进化得比较全面，比较快的那一个种族。其他的种族的动物也都是由同一个祖先演化而来的，它们朝着不同的方向演化，这样一来，就成为了一种全新的物种。

因为这个理论和进化论是相生相依的，理解并接受了这个理论就可以帮助人们接受进化论这个思想，而支持生物进化的证据也都证明了这共同祖先学说。但是这个理论却冲击着宗教中“人是至高无上”的观点，把人类的很多优越性和特殊的地位彻底否决了，所以很多宗教人士都无法接受这个观念，这也是他们反对达尔文的原因。

第三，渐变性进化学说。

达尔文认为进化并不是一瞬间达成的，而是由一个漫长的、连续的过程形成的。任何新的物种都是由老物种通过一系列的缓慢变化得来的，而物种在变化的过程中都能够适应当时的自然环境。虽然达尔文认为这一些都是具有连续性的，但是在实际的考察中，无论是从生物界的物种之间的不连续性，还是地质记录的不连续性都考验着渐变性进化学说，但是达尔文却用了生物性状的分歧和中间类型生物的灭绝以及化石记录不全来解释这些不连续性。

但是直到今天，这个问题还是没有找到最终的答案，很多人还是在渐变性进化这个课题上争论和研究着。

第四，物种形成及增殖学说。

物种增殖是指由一个祖先种产生出几个子代种的进化，一个物种实际上是由一群群个体组成的，每一群都有特定的地理分布区域，而且具有一定个体数量，个体之间在形态特征上有微小差异。达尔文认为任何一个物种的个体都是独一无二的，同一个种群之间也会存在差异，这种差异和他们生活的环境有很大的关系。

而它们如果继续在不同环境生存下去，就会演变成为不一样的新物种，于是就变成了物种的增殖。其实这样的发现是需要一个长久的观察，所以对于一些会长期观察动植物的人才能够发现其中的规律。当时很少有人能做出结论。

达尔文后来对这个理论进行了一定的修改，他认为在同一地理区域也会造成群体内的个体差异，这种差异也会造成物种的增殖。这个问题也一样没有最终答案，直到现在科学界还有人在不断研究和观察着。

第五，自然选择。

这是达尔文思想的代表之一。他告诉我们的是这些物种依照一个什么样的标准来进行演变。它告诉我们自然界的生物是如何达到和自然的高度相适应。

自然选择这个理论其实是一个非常具有革命性的理论，它否定了生物界中存在任何形式的决定论和目的论。达尔文把生物和自然界的所有都归结为大自然的选择，而自然界的这种选择是一种杰作，使得这个地球处于一种和谐的状态。

达尔文的自然选择思想是以种群思想为基础的，因为物种的个体存在着适应性、生存和繁殖上的差异，所以才可以进行自然选择。也是因为这样才会有“适者生存”的思想。

自然界的选择其实是有一种调和的手段，让更好、更和谐的自然以一种神奇的姿态出现，让各个不同的物种之间既产生依赖，也有竞争，这样的自然才能够一直朝着更新换代的方向去，使得这个自然总是充满了生机。这个理论虽然是达尔文思想的核心部分，但也是受到最多争论的部分。直到今天，它依然是最重要的达尔文思想的一部分。

前面说过，提出进化论的人不仅仅是达尔文一个人，他不是第一个，拉马克也提出过进化论，但是和达尔文的进化论相比，很多地方是有差别的。

达尔文认为进化是一种分枝式的演化，注重自然选择，而拉马克认为进化是一种直线上升式的演化，他并不承认自然的选择，而是把进化看作是物种自身的一种改变。他们俩对于进化本身、渐变性和性状遗传的看法是大致相同的，只不过达尔文并没有把这些当作主要进化力量。

人类是由低等动物演变而来的

关于人类起源的问题，达尔文一开始只是打算出一本中篇版的书，这只是作为一个章节来写，但是后来华莱士提出了人种起源的问题，达尔文对此产生了很大兴趣。在一次给华莱士的回信中达尔文说道：

“只有您对我说了这些话，我才相信是您的观点。可我不认为您所说的理论与这些观点有直接联系，而且这个问题需要我们共同讨论研究，您寄给我的这短短一封信是说不清楚的，我欣赏你的推论，这些推论它给了我很多启示。”

达尔文把后期工作的重心基本都放在了人类起源的问题上，后来还把自己的研究写成了《人类的起源》这本书。

刚开始的时候，达尔文对于怎么来构造这本《人类的起源》觉得很头痛，但是随着他的不断研究，他发现自己已经有了清晰的思路。但是另外，达尔文的身体越来越糟糕，甚至严重到要停止一切工作。身体状况让达尔文在很多时候都只能够躺着休息，虽然他很想尽快完成这本书，但是却不得不停止。

一直到身体好一些的时候，达尔文才开始写这本书。达尔文在这本书的第一章就说明了人类是由某种低等动物演化而来的，并且在另一个章节中证明了这个问题。

虽然达尔文的观念和华莱士在某些地方很相似，但在人的智能和动物智能比较以及人的智能发展问题却产生分歧。

在第一章里，达尔文通过对人体构造的研究，证明人类是哺乳动物。从人类的胚胎发育来看，人类和其他哺乳动物有共同的特征：卵细胞和其他哺乳动物脊椎动物纲的卵细胞有一样的鳃沟；人的手脚同蜥蜴等哺乳动物胚胎的手脚，有相同的位置。

达尔文还从人和猴子、猩猩之间的相似性作出分析，人和猴子一样都有疾病类型、药物作用上也相同。人在生殖和发育上也和猴子一样，婴儿弱小，性别不同。而在七个月大的胎儿的大脑皱襞和大猩猩的大脑皱襞一样。

至于在人类身上发现的返祖现象，达尔文认为这是个别人的个别现象，这算是一种能力。这种能力可以作为一个遗传特点在家族中遗传下去。但是猩猩和黑猩猩的耳朵却不能够摆动，是因为人类的外耳存在特别的、微尖的突出部分，这就是为什么任何一只猩猩的耳朵都不会动的原因。因为这个部分是达尔文提出的，所以后来人们也把这个部分叫作“达尔文部分”。

达尔文说人类是由动物演变而来的，从人类的身体上来看，人的头发是祖先毛发的遗留。人尾骨其实也是返祖现象的一种体现，还有六个月的胎儿身上的茸毛状的毛发层也是一种返祖现象，对此达尔文亲自研究了六个月。

达尔文对于自己的理论有一种非常的成就感，他说：

“不可思议的是那些博物学家很熟悉解剖学和哺乳动物胚胎，他们却有每一个动物都是上帝逐个创造出来的想法。”

达尔文对于自己的理论非常有信心，他觉得只要能够让大家都接受自己的这个理论，那么就不会再有人说是上帝创造了一切。

如果人类是由低等动物进化而来的，那么人类的进化是不是和其他动物的进化一样呢？对于这一点，达尔文的答案认为并不是这样的，他认为动物的进化受条件和环境的直接又明显的影响，这一点是非常清楚的，从动植物的变化就可以看出来，但是这并不表示在人类身上也是可以套用的。

虽然人类和动物一样，也具有变异性和遗传性的特征，但是人类的进化却不同于动植物。

在《人类的起源》这本书中，达尔文也解释了人类进化的其他因素，比如器官的使用，发展的中断，这些都是影响人类进化的因素。而且从人类的增殖速度来说，这种进化其实有其自己的独特性。

而且自然选择的结果就是改变了人类身体构造上的变化，还获得了智能和共同的本能。其中语言的发展就是其中一个非常有力的证据，使用、发明、改造工具这些都是智能发展的结果。所有的这些都对人类的进化有或大或小的影响，这些影响都是不可忽视的。

虽然达尔文自己认为自己这本书的结构非常清晰，但其实从理性上来说，达尔文虽然有完整的思路，但是这本书的结构却不是那么完美，这是非常可惜的。

书的名字叫作《人类的起源》，但是全书只有三分之一的内容解释了这个问题，其余的篇幅都在说理性选择和应用解释动物二性化问题。也可以说是这本书的一个遗憾，而这本书的另一个遗憾就是达尔文在这本书中没有解决一些更深层次的问题，比如人类由低等动物进化而来，那么低等动物的智能是如何发展起来的？

这个问题其实就是寻找人类智慧的源头，但是达尔文却没有把这个问题当成重点，他觉得这并不是非常重要的问题，相反，他认为本能和智慧的关系才是重点，所以他在书中用了大量的实例来证明这种关系，他始终认为，复杂的本能都有一个由简单到复杂的发展过程，但是这个过程和智力没有什么关系。

达尔文在这本书中既承认人有意识的本能与动物无意识的本能之间存在着一定的相似性，但是又坚持本能的发展过程和人的意识本能和动物的无意识本能是不一样的，他把两者的关系看作是辩证的，所以在这个问题上，达尔文并没有明确的立场。

达尔文说过，人类是由低等动物演变而来的，但是到底是什么动物，或者说是什么类别的动物？当达尔文进行了人类系谱研究以及根据赫胥黎的意见，他觉得人类来源于狭鼻猿。

赫胥黎的观点是，猿来源于狐猴，而狐猴来源于其他高级哺乳动物，其他高级哺乳动物则是来源于有袋亚纲，有袋亚纲则是通过原兽亚纲来源于爬虫纲。这一系列的变化最终成为人类。其实这个研究领域非常广阔，在当时甚至存在很多空白。

达尔文说：

“所有的脊椎动物亚门彼此之间有血缘关系并且来源于无颚类祖先。”

但是用什么来证明达尔文的这个观点是正确的呢？达尔文想到了文昌鱼，这种鱼一开始被人们归到鱼类，这种鱼还是脊椎动物亚门中最原始的动物。

后来达尔文看到了亚·奥·科瓦列夫斯基的观点，他发现了海鞘的幼虫在其发展方式和神经系统的位置和脊索的存在方面是存在相似性的。于是达尔文很肯定地说：

“如果相信胚胎学，我们最终会了解脊椎动物亚门是如何起源的。可以推断，在以前极其遥远的时期，就存在过一类动物，他们在很多方面都与现在的海鞘幼虫相似。这一类动物分为两大分支，其中一支发展到动物界的高级阶段，奠定了脊椎动物亚门的基础，另一支则在发展中变弱了，形成了现在的海鞘纲。”

达尔文继承了赫胥黎和赫克尔的思想，他用了非常多的研究实验和观察结果来证明人类是起源于动物的，而且这些事实和证据都超过了赫胥黎和赫克尔的论据。

达尔文继承了赫胥黎和赫克尔的思想，他用了非常多的研究实验和观察结果来证明人类是起源于动物的。

不仅如此，达尔文还根据一些化石推断出了人类始祖的外貌。这种外貌特征并不在自然选择的范围内，人类外貌的变化无法用外界环境的影响来判断，也不能用拉马克关于器官的使用频率来解释，也就是说，之前用在动物身上的很多原理在人类身上都无法得到解释。但是达尔文用了“性选择”的原则来解释人类外貌进化的问题，他还用这个理论来解释动物第二性征的起源问题。

当《人类的起源》这本书刚刚出版的时候，受到了各种不同的意见，有的人欣赏、赞同，但是有的人却觉得匪夷所思，甚至产生排斥、辱骂的现象。这些反对的意见其实很容易理解，一个新观念出现的时候，总是会冲击旧有的观点，也就是会影响到旧观念的守护者。让人们突然改变已经相信了几百年的事情，是一件不容易的事。

尤其这本书冲击了“上帝创造了一切”的观念，更是让很多信仰上帝的人觉得难以接受。但是这一切的阻碍和冲击并没有影响这本书的销量。首次印刷2500册很快就销售一空了，于是出版社又马上加印了5000册，还是供不应求。很多国内外的杂志都报道这本书中的新观点，在德国得到非常良好的反应。

不过有一位动物学专家迈福特却是反对最激烈的一个人，他非常反对达尔文的这种观点，甚至专门出了一本《物种的发生》来驳斥达尔文的观点，他首先对达尔文自然选择的观点进行批判，但是这本书并没有对达尔文的观点构成威胁，因为这本书中没有非常充足的证据证明达尔文的观点是错误的，而且这本书在一些逻辑上出现了矛盾，实例的选择也有些牵强，甚至难以解释。

其实迈福特是同意进化的，但是他却不同意自然选择。很快迈福特的书引起了一定反响，而书中的一些理论和论据都被杂志引用。像是想要挑起达尔文和迈福特的骂战，希望他们能够像是辩论赛一样大战一场。

但是达尔文并没有对这些论据做出回应，他知道，这位迈福特其实并不是用真正科学的态度来研究进化，他想要用科学的外衣包裹着宗教，让宗教看起来合情合理。

迈福特看到了进化的原因在于“某种内在的力量和倾向”。有一段时间，迈福特的观点让沉默的达尔文一直很被动，虽然达尔文希望自己的朋友可以站出来为自己说点什么，至少应该证明自己是正确的，但是他知道朋友们都很忙，可以对他们寄予的希望不大，所以达尔文只好采取回避的态度。

达尔文并没有对这些反对者有什么反应，似乎他已经习惯了别人对他的著作或者观点有如此大的反应。但是反对者像是不断生长出来的野草一样，总是会有人不断站出来批判达尔文的观点，也总是会有人不断想要找出证据来证明达尔文的观点是错误的。

除了迈福特还有另一个叫作凯力克的人，他成了反对达尔文的代表。达尔文虽然在公开场合没有对他的反对者做出什么反应，但是从达尔文的内心来看，他很希望有一个朋友能够站出来为他说句话，原本他指望的那些朋友都因为各种原因没有办法站出来对这件事进行评论，这让达尔文一度觉得很孤独。

但是事情没有一直朝着坏的方向发展，很快，在《北美评论》上就有了一篇来自琼斯·赖特对迈福特的书评，这无疑是对达尔文的一个巨大鼓励。

琼斯·赖特在这篇评论中从哲学的角度肯定了达尔文的自然选择理论。赖特后来说，他知道这篇文章对达尔文会有一定的帮助，就是不知道达尔文会不会有兴趣。原本达尔文并没有对这篇评论有太高的期待，但是在他看完以后就决定以小册子的形式出版这篇评论，他需要这样的声音来引导人们，至少要告诉人们，迈福特和凯力克的观念不一定都是对的，也有人在反对他们。

不止这样，达尔文还决定在即将出版的《物种起源》第六版里加上一章，这章主要就是谈关于自然选择的反对意见，达尔文将对这些意见逐一进行解读和剖析，其中将迈福特作为反对者中的重要人物进行理论分析，当然，他还会在这一章加入赖特的评论。在做这件事之前，他还是很谦虚地把自己的想法和初稿寄给了华莱士，希望能够得到华莱士的一些意见。当然他还把自己的这个想法告诉了赖特，赖特对于达尔文的这个做法非常赞同。

在得到了大家的肯定和意见之后，达尔文就开始写作了，但看似简单的一件事，在达尔文这里就变得非常艰难，因为达尔文的身体一直都不好，在写这本书的时候他的身体更糟糕了，所以达尔文的工作进度非常缓慢。

但这并不是达尔文最难以忍受的，最让他难受的是又出来了些反对者的声音。在《每季评论》上面有人对达尔文的新著作进行评论，其中不免有些人态度过于激烈。他们一面说自己是拥护科学的，一面又指责达尔文的理论，说：

“人同大象和大猩猩的差别，比它们同地上的尘土的差别还要大。”

这样的人对达尔文的指责让达尔文觉得非常难受，他曾经写信给华莱士说：

“我很快就要成为最被瞧不起的人了。”

其实达尔文一直希望能够有人站出来为他说话，至少表明是支持达尔文的。这个时候，赫胥黎写了一篇文章，文章里面肯定了达尔文的成绩，并且抨击了那些反对达尔文的人。这件事在后来几天里被达尔文知道了，他当时非常兴奋，也更有勇气面对这些问题了。

赫胥黎对迈福特关于形而上学的评论和神学上的抨击，都让迈福特无言以对，而达尔文甚至觉得这就是对自己的一种鼓励。从这以后，达尔文对赫胥黎有了全新的认识，在信中他完全使用了肯定和赞扬的话，他说：

“虎克前两年对我说过，当我读着赫胥黎的文章的时候……放射异彩的地方有几十处，机智就像是一道道光彩夺目的闪电。”

而迈福特受到了赫胥黎和琼斯·赖特的反对和批评之后，一度也觉得非常难以接受。

达尔文其实已经认识到自己的理论将会受到现代人和后来的人们的热烈讨论，甚至形成激烈的斗争，这种斗争甚至会成为一场持久战。赫胥黎和达尔文都坚信，“达尔文理论”可能短期内会受到大家的否定，但是从长远来看，无论到什么时候，终究可以证明是正确的。

达尔文在读了心理学家贝尔的《面部表情解剖学和生理学》以后，他就打算把人类的著作中加入面部表情这一章。贝尔认为人的某些肌肉只是为了表现某些情感，而人之所以区别于野兽，也是因为有面部表情。

虽然这个观点和达尔文的进化论相差甚远，但是达尔文还是对人类的面部表情产生了兴趣。他曾经给华莱士写信说：

“这是我近二十年来酷爱的专题之一，在我计划写一篇关于人类的文章以后，我最好是仔细地研究了一下关于感觉表现方面的问题，因为人面部肌肉的表情动作和感觉的表现方法是从动物也具有的那些感觉表现中发展起来的，而机体的发展原则适用于这一特殊场合。”

达尔文正式开始写这本书的时候是1871年1月份，在那之前，达尔文才刚刚看完《人类的起源》的校样。紧接着他就开始了对《动物和人类感觉的表现》的写作，这本书其实进度比较快，但是这期间却因为《物种起源》新版本的出版而耽误了一段时间。一直到了12月，达尔文才拿到第一批校样。

《动物和人类感觉的表现》一共有十四章，达尔文在序言里就介绍了这个问题的历史概况，并且提出了一个问题：人类及动物的感觉表现可不可以用同一种原因来解释呢？其实从序言开始，达尔文就直入主题，让读者仅仅从序言中就可以清楚地搞懂达尔文想要表达什么，研究的问题是什么。

第一章里，达尔文研究的是有效联想习惯的原理。

也就是说反射动作要么是被自然选择改变了原始本能，要么是一种习惯。和动物相比，人类的某些动作，就算是进行了后天的克制和修改，也还是能继续表现出来的。

第二章研究的是对立原理。

这一章其实解释的是两种相对感情时的两组相反动作。比如，人在回答"是"的时候会伴随着上下点头的动作，而在回答"不"的时候会伴随着左右摇头的动作，这些其实就是一种对立原则的表现。

第三章研究的是无意识的、神经系统的影响和习惯等等。

比如在人寒冷、恐惧时的颤抖，感觉是对心脏和血液循环的作用。皱眉、出汗、晕倒等这些都是一种无意识的反射。

这本书的前三章其实就是达尔文提出的"一般原理"，达尔文用三个章节研究了他提出来的这几个原理，为这本书奠定了一定的基础，使得这本书简单易懂，由浅入深。

这本书的第四章研究的是动物为了使自己显得更大更可怕而事先发出声音，接着略微鼓起皮毛，以及常常伴随着这些动作发出可怕的声音等现象。像一些动物会把耳朵贴着自己的头，这个动作就是预兆着那些用牙齿搏斗的动物已经发怒了。

第五章着重研究猴子的感觉表现形式，其实还介绍了一些狗和猫的表现形式。达尔文把这章的重点放在猴子身上是因为达尔文一直坚信人和猴子、猩猩之间有非常多相似的地方。

从第六章一直到第十三章，达尔文全面、详细地分析了人类感觉和情感的特殊表现形式。在这里，达尔文的分析对象不仅仅是成年人，还有儿童和一些特殊人群，比如傻子，达尔文还把这些人的表情和猴子的表情做了对比。与此同时，达尔文还把不同动物在相同表情之下的表现都做了对比。

在这几章中，达尔文还列举了很多因为地域不同或者由于种族的区别而产生的感情表达的差异，这些都是达尔文所要研究的对象，而且为了能够让读者更容易理解和明白这本书，达尔文请了一些绘画艺术家来为这本书做了很多插画，用以详细地讲述了不同表情的差异。

在全书的最后一章里，达尔文着重讲述了关于习惯动作的问题。其实在人类的很多动作中，都是因为人们在思想的表达上做得久了，从而产生了一种习惯。

这种习惯会在某些感觉很好的时候重复出现。但是这种习惯也并不是遗传而来的，他们都是跟随生活而产生的，这些动作和情绪都来自于生活，而这些动作又是表达人类感情的，但是这些习惯也有一定的特殊性。达尔文说过：

“即使一些轻微动作也可以充分表达人们强烈的情绪。它们在我们的表情方面具有充分的意义，就像退化器官对于一个分类学和有机体系方面所具有的意义一样。”

虽然在人类的感情表达方面会有一定的差异，但是在人类祖先的引导下，人类的情感表达在很多方面都是相似的，我们人类所有的人种都是有着共同的起源。

第五章

老年时期的达尔文

百病缠身的老人

1873年，达尔文在这个时候已经是一个声名在外的科学家了，也是这个时候，达尔文已经从一个年轻力壮的小伙子变成了一个百病缠身的老人了。因为达尔文对科学的态度十分严谨，所以他决定对他以前出版的一些著作进行再版。

我们已经说过，达尔文已经不再是跟随航海队伍出海的年轻人了，他选择对以前的著作进行修改，改正一些评判人士提出的问题，还要把里面的一些问题解决了，对于一些不是很严谨的地方要修改得严谨一些。

这些对于达尔文来说是一件无比枯燥的事情，因为他必须花费所有的时间和精力来校验以前的著作，而不能够再把时间和精力都放在他所喜欢的研究工作上。这曾经一度让达尔文觉得很苦恼，但是达尔文内心还是希望自己的著作能够不断修改，不断完善，所以最后他还是很认真、仔细地开始对自己著作进行修改。

在达尔文早年的著作中，达尔文最看重的是《珊瑚礁》的再版，因为里面涉及他的一个理论，这个理论是关于陆地下沉的。因为很多人对这个理论持有批评的态度，他们觉得这个理论从很多方面来说都不是那么完善，有很多矛盾和空白，其中一个叫作泽姆佩尔的人对达尔文的这个理论尤其反对。

虽然他是达尔文理论的反对者，但是达尔文还是很有耐心地给他解释了很多自己的理论和想法，而且到了最后，达尔文还给他写了信，信中言辞恳切，依然对自己的理论非常有信心，他说：

“钻探珊瑚岛会给解决争论提供许多资料。”

不过可惜的是，当时并没有那么优越的条件来进行珊瑚岛的钻探工作，所以，达尔文和泽姆佩尔的争论在当时并没有一个最后的结果。一直到达尔文去世之后的很多年，索拉斯和司徒亚教授才带领考察队在富纳夫蒂岛对珊瑚岛进行钻探，最后的结果一直到1904年才发表并且出版，证明了达尔文的理论观点。

达尔文对于自己在地质学方面的理论非常有信心，后来穆瑞开始认同水下沙滩上会形成珊瑚岛的说法，驳斥了陆地下沉的作用，承认陆地会上升。这些都证明了达尔文的论点是正确的，同时也给了达尔文极大的信心。

而且，地质学家们对于达尔文的一些地质学著作持有肯定的态度，其中对达尔文的《“贝格尔”号地质学》有非常高的评价，甚至札德教授在自己关于火山理论中也引用了达尔文《“贝格尔”号地质学》里面的话。虽然这本书里面的某些观点并没有经受住时间的考验，甚至有些过时，但是达尔文还是觉得这本书没有必要再做修改。

其实从达尔文的角度来看，这本书中很多东西都是经典，都没有修改的必要，而且在面对大家的肯定的时候，他觉得这本书的价值已经得到体现，就算再修改，在现有的条件和技术之下，也没有什么新突破能够值得自己再做出修改。

常年研究冰川，而且有很多突破的詹·格基教授给达尔文寄了一本《伟大的冰川时代》，这本书给达尔文带来了很多启示，达尔文对格基教授为自己寄来的这本书非常感激，所以他写了一封信给格基教授，一来是想表达对格基教授的感激，二来也是希望能够跟格基教授聊聊关于自己的观点。

达尔文对骚桑波顿旧石器时代沉积物中角形石为什么能够立着的观点有自己独特的看法。他觉得，砂石冻结在雪层里，在冰雪融化的情况下砂石竖着陷下去，然后就冻结住了。这虽然只是一个很细小的部分，但是达尔文对大自然中很多细小的东西都有自己独特的见解，而且他也非常喜欢用自己的思考方式来为这些

达尔文一生都非常喜欢阅读，在这段时期，达尔文身体不如以前，所以他的阅读常常会变得非常缓慢，但是他还是坚持阅读。

问题寻找答案，这个过程对达尔文来说是非常有意思的。

达尔文一生都非常喜欢阅读，在这段时期，达尔文身体不如以前，所以他的阅读常常会变得非常缓慢，但是他还是坚持阅读。达尔文有很多喜欢的书，其中他对莫西利维克的《白云石礁》非常赞赏，他觉得这本书带给他一个新的视野，也让他的知识更加丰富。

还有达尔文的好朋友华莱士也在1876年出版了《动物的地理分布》。在书中，华莱士对各种植物、淡水鱼、昆虫、软体动物分布的观点非常有意义。

达尔文对这位好朋友有非常特殊的感情，他们总是会在同一时刻对同一个问题有相似或者相同的看法，但是有的时候又有很大的差距，达尔文觉得华莱士的观点有的时候非常精辟，有的时候又完全不能认同，但是这些都没减少达尔文对华莱士的赞赏，尤其在这本书中，华莱士把哺乳动物作为动物地理分布的基础，让达尔文觉得这是一个非常有价值的划分。

其实达尔文的一生受到很多人的表扬，也有很多人反对他，甚至他们用一些非常激烈的言辞来针对他，但是达尔文始终坚持谦逊的做人态度。或许是从小的教育让达尔文总是彬彬有礼，无论遇到多么烦心的事情，他都能够用很礼貌、温和的态度来对待。

达尔文觉得对同一个问题有不同的看法是非常正常的事情，每一个人都可以表达自己的观点，但是如果因为这个和别人结怨或者产生什么严重的摩擦那就不值得了。达尔文和奥古斯特·魏斯曼的交往也总是保持谦虚，他们常常会用书信来交流，在书信中的言词表达方面，达尔文从不会表现出狂妄自大的样子，他希望无论是和英国人还是外国人，都能友好地合作。

可能是因为达尔文的这种态度，让其一生拥有了很多朋友，有非常多的人不仅欣赏达尔文在科学上的见解，更欣赏他的做人方式，这方面达尔文给我们做出了榜样。

威斯敏斯特大教堂的葬礼

达尔文的身体状况其实一直都反反复复，在他人生的最后十年里，达尔文的身体比之前有了很大的改善，至少他已经很少会在中午之前感觉到疲倦，也很少感觉到身体不舒服了，达尔文的身体也能够允许他不间断地工作了。

这些都让达尔文觉得非常高兴，因为他不喜欢一个人躺在病床上，受不了不能走进大自然观察他一直非常喜欢的动植物，不喜欢就这样一直困在屋子里。

不过，达尔文毕竟不是一个年轻人了，在很多方面都已经不如从前了，他非常喜欢的野外考察再也不能进行了，这让他很难受，他甚至给很多朋友写信诉说自己的不甘心，他给华莱士写信说：

“我不能去散步了，一切都使我疲倦不堪，即使观赏风景也是如此，我将怎样利用我这余下的人生呢？我愿周围的人都幸福，但是生活对我却非常糟糕。”

他总觉得自己还有很多事情没有做完，所以他需要到外面再进行一次考察，但是他的医生恩德留·克拉克却坚决不允许他这样做。

在这些年里，达尔文的身体一直由这位医生照顾，这位医生和达尔文非常合得来，在他的照顾下，达尔文的精神越来越好，而且最重要的是，达尔文信任这位医生，因为信任，所以他总是愿意按照这位医生的指示去安排自己的生活。

1881 年的时候，达尔文对碳酸氨对植物的根部和叶子起的作用做了非常全面的研究，这一度让达尔文的精神有了寄托，所以这段时间他总是精神饱满的样子。但是不知道为什么，到了年底的时候，达尔文的情绪突然低落，甚至让人觉得非常颓废。

达尔文的这种状况让家人都非常担心，所以达尔文的女儿亨里埃塔就把达尔文接到了自己的家中，亨里埃塔这个时候已经和利奇菲尔德律师结婚了。

达尔文到了女儿家里也还是没有办法安静地躺着养病，他常常想要到外面散步，但是都被拒绝了。直到他要求到罗马内斯家里去拜访的时候，家人才同意，原本以为这并不是一个劳累的旅程，所以就同意了，可是没想到，达尔文刚走到楼下心脏病就发作了。这一次发作让达尔文差点离开了人世，所以家人都非常担心他的身体，再也不允许他做一些不利于养病的事情。

即使是这样，达尔文的心脏病也还是没有任何的好转，甚至在1882年1月底的时候病情加重，虽然这次以后达尔文很认真、积极地治疗，但是他的心脏疼痛一直都没有得到好转，疼痛的频率还不断地增加，每天都会出现心跳过速。

这种状态一直持续到了3月，虽然达尔文的病情没有好转，家人也都希望他能够躺着静养，但是在达尔文的坚持下，还是允许他出去散步。

虽然只是缓慢散步，但是达尔文还是在3月8日那一天，在他最喜欢的沙滩上散步的时候再次晕倒，他的心脏病再次复发。从那天以后，达尔文就没有办法出门了。

10日，恩德留·克拉克医生来给达尔文看病，并且吩咐达尔文一定要注意休息，但是克拉克医生的诊所离达尔文住的地方比较远，而且因为病人太多了，所以克拉克医生不能频繁地来给达尔文看病，于是就请了别的医生来医治达尔文的病。

这段时间，达尔文觉得自己的身体非常糟糕，他甚至只能躺在床上，说不上几句话就觉得异常疲倦，达尔文这样的状态不要说工作了，就连平时的阅读也不能进行下去了，所以达尔文更是觉得这样的日子非常难熬。

在医生和家人的精心照顾下，达尔文的身体有了起色，虽然没有完全恢复健康，但是这个时候达尔文已经可以下床陪着自己的妻子埃玛到花园里坐一坐了。

室外的阳光暖暖的，心情也开始好起来，这让达尔文感觉到一丝愉快，他可以在花园中看到植物，听到鸟叫声，这些都让达尔文感觉非常快乐和满足。能够生活在大自然中是达尔文一直非常向往的生活，现在虽然不能实现，但是却能够看到花朵，感受到阳光，这已经是非常大的恩赐了。

达尔文的健康状况一直都是朋友们关心的问题，大家都希望达尔文的身体能够好起来。赫胥黎尤其关心达尔文的身体，他给达尔文写来了一封问候信，希望医生能够悉心照料达尔文，能够让他的身体好起来，能够再看一些研究课题。

达尔文知道以后非常感动，他马上就给赫胥黎写了回信，他说：

“亲爱的赫胥黎，您那封极亲切的信对我来说确实是一剂强心剂。今天，我觉得比过去的三个星期都要好，而且现在也没有感到任何疼痛。您的计划非常好，所以，如果我的健康能大大好转的话，我将要谈到它。克拉克医生对我无比亲切，要是能请他再来一次就好了，但是他太忙了。亲爱的老朋友，请您再一次接受我诚挚的谢意吧。我祝福你的研究早日结出果实。我诚恳地希望，世界上再多一些像您这样的‘自动物’就好了。”

达尔文就算是在这种状态非常差的情况下还是用一种幽默的方式来和朋友们开玩笑，在这封信中，达尔文借用了赫胥黎 1874

年在贝尔法斯特英国科学协会上的发言，他那次演说的题目是《论运行是自动物的假说》。

在这里，达尔文就借用了“自动物”这个称呼来和赫胥黎开玩笑，不过也从这里能够看出，达尔文虽然百病缠身，但是依旧是一个乐观、积极的人。而且他和赫胥黎的关系也非常的好，能够用朋友之间的玩笑来交流和沟通，这让达尔文在病痛的折磨中得到一丝安慰，他的一些朋友很高兴达尔文能有愉快的心情。

虽然达尔文的身体和 1 月的时候比起来有所好转，可是在 4 月 15 日的傍晚，达尔文在用餐的时候突然感觉到一阵阵的晕眩。达尔文每次觉得身体不舒服的时候都喜欢到沙发上躺一会，这次也一样，他站起身来想要走到沙发上躺一下，希望这样可以好过一些，但是他还没有走到沙发的时候就倒在地上了。

他这一次的病发和前几次都不一样，这一次似乎来得更加凶猛一些，但奇怪的是，两天以后，达尔文的病情似乎好很多了，他甚至还到花园里走了一会。达尔文的妻子埃玛在日记里写道：

“天气晴好，他做了一些轻微的工作，两次在户外，还在花园里散步。”

大家都觉得达尔文的这一次犯病像之前一样，只要好好休息，听从医生的吩咐就会没事的。但是到了 18 日的夜晚，达尔文突然感觉到自己很不舒服，他似乎知道了什么，于是就把一直守护在身边的妻子叫醒，这中间达尔文甚至昏倒了好几次。他把孩子和妻子都叫到跟前，然后说：

“我一点也不怕死。”

然后又对妻子说：

“每次我一生病都是你在服侍我。”

大家听了都觉得非常的难受，达尔文似乎想要在这种时刻把对妻子的愧疚和对儿女的爱都表达出来，他很怕最后没有机会把这些话说出来。达尔文一直坚持到了第二天的下午四点，他安静地在妻子的怀里度过了人生最后几个小时。

达尔文走的时候很安详，他的一生可以说非常有成就，有非常多的成绩，唯一觉得遗憾的是，人生的时间太短了，都不能够让他把自己喜欢和想要研究的问题都研究出答案来， 这一点是所有的人都感到痛心的。

达尔文的妻子埃玛和儿女们一起为达尔文准备葬礼，他们给达尔文的朋友亲人们发出了讣告，一下子似乎全世界的人都知道了达尔文去世的消息。大家都为这位伟大的科学家感到悲痛，也为损失了一位伟大的科学家而觉得惋惜。

葬礼还没有办完，媒体上就产生了一种声音，希望英国政府能够为达尔文举行国葬，并且安葬在英国的先贤祠——威斯敏斯特大教堂。其实达尔文的心愿是希望自己能够埋葬在唐恩村的家庭墓地中，这样他就可以和哥哥伊拉兹莫斯、大女儿安妮葬在一起，而作为他的家人也愿意尊重他的遗愿，那些村民们更愿意接受这么一位伟大的科学家安葬在这片土地上，将来和他们葬在一起。

但是社会上很多有声望的人士和媒体都一致认为达尔文应该被安葬在威斯敏斯特大教堂，只有这样才能够让“自牛顿以来最伟大的英国科学家”得到他应该有的待遇。

媒体为了这个问题一直纷纷讨论，甚至有一家报纸说，达尔文在前普鲁士国王的时候就应该被授予爵位，但是英国女王却没有为这位伟大的科学家授予爵位，这是不应该的。所以达尔文到去世的时候也还是一个平民，国家应该让达尔文安葬在威斯敏斯特大教堂，这样才能够弥补对达尔文的亏欠。这是国家对达尔文的一种补偿方式，但也是对达尔文成绩的一种肯定。

大家都觉得达尔文比很多安葬在威斯敏斯特大教堂的政治家更有资格，因为达尔文的成就和那些政治家的叫嚷不能够相提并论，有杂志甚至这样说：

“与这位震撼世界的思想家的成果所产生的巨大影响相比，日常政治的喧嚣大部分不过是尘土一般的贫乏。”

面对舆论的压力，皇家学会会长主动写了一封信给达尔文的家人，希望他们能够同意让达尔文安葬在威斯敏斯特大教堂里。

而且还有达尔文的好朋友、邻居、约翰·鲁巴克带领二十八位议员一起签下请愿书，希望威斯敏斯特的主教能够同意达尔文安葬在这个大教堂里面。只不过这封请愿书还没有到达大教主的手里时，还在法国访问的威斯敏斯特主教就马上发电报让达尔文安葬在大教堂里。虽然达尔文的很多理论都影响了基督教，甚至是林耐学会的会章动摇了基督教的根本，但是大家都不认为达尔文葬在大教堂里有什么不对。《时报》对这件事做出这样的评论：

“该大教堂需要这个葬礼甚于该葬礼需要大教堂。”

在这个时刻，达尔文的进化论和基督教的争论都已经成为灰烬，随着时间一吹而散。

其实这座大教堂对英国人来说非常重要，他是历代国王加冕登基、举行婚礼庆典的地方。而在这里安葬的都是英国的王室，也就是说，只有身份尊贵的人才能够安葬在这里。这座大教堂似乎是一种非常神圣和地位的象征，所以大家都希望能够让达尔文得到他应该有的尊重和肯定。

达尔文一直都是一位平民，而英国皇室后来也对达尔文的两个儿子授予了爵位，这也算是对达尔文的另外一种形式的补偿，这些都是后来发生的事情。

达尔文的葬礼在 4 月 26 日举行，但是埃玛没有出席，她只是在唐恩的家中。作为达尔文的妻子，她不是要面对一位科学家的离开，而是自己的丈夫和亲人的去世，这让她痛不欲生。

达尔文的葬礼有很多人参加，包括非常多的名人和科学家。抬棺人中除了达尔文的好朋友鲁巴克和一位威斯敏斯特大教堂的教士之外，还有一位代表科学界的皇家学会会长，一位伯爵和一位公爵，他们代表的是英国政府。

还有一位是达尔文母校剑桥大学的校长、美国大使代表外宾和达尔文生前最要好的朋友。这些人为达尔文抬棺，足以证明达尔文的影响力到底有多大！

参加葬礼的人更是数不胜数，其中有植物学家约瑟夫·虎克、自然选择理论的共同发现者华莱士、古生物学家马斯·赫胥黎，这些都是达尔文的好朋友，他们有相同的爱好和工作热忱，也更明白达尔文的心情。其中还有伦敦市长、皇家学会会员、林耐学会会员、各个学会会员和各国的代表。

这一天，达尔文被葬在了牛顿墓碑的下方。英国基督教的领袖们似乎想要用这种方式来赢得大家的认同，展示他们的度量，毕竟达尔文的理论确实对基督教产生了影响。

基督教为了可以获得外界的肯定，他们不得不在达尔文葬礼上表现出极大的宽容，他们希望在世人的面前展现出他们对达尔文的理解和包容，就像是《旗帜报》上说的那样：

“就应该能够像接受天文学和地质学一样接受进化论的主要科学事实，这不会对更古老和珍贵的信仰产生任何影响。”

虽然基督教用一种非常宽容和大度的姿态来表示他们对达尔文的尊重，但是这种正面的论调并没有维持很久，随后，基督教的言论渐渐就有了歪曲事实的倾向。

众多教会的报纸都表示对达尔文的理解和尊重，也展示出教会本身的肚量和宽容，或许刚开始的时候教会的意图是希望在全世界人们的面前展示出一种无谓和自信的态度，但是发展到后来就变得有些荒唐了。后来《教会时报》对达尔文的信仰进行了篡改，他们直接说达尔文是一名“基督教绅士”。

而关于达尔文信仰的问题从这里开始就变得谣言满天飞。甚至在达尔文去世几年以后，还有人散布谣言说达尔文在临死之前改变了信仰，他放弃了进化论，并且对自己的这些理论作出了忏悔。

其实言下之意就是达尔文自己放弃了自己的理论，并且加入基督教。似乎这样的谣言还得到了一些人的认可，这对于整个教会来说非常有意义，所以至今这样的谣言还在一些基督教的宣传资料中可以看到。

但是事实是什么呢？其实达尔文并不是一个基督徒，甚至他很不喜欢基督教，他坚信自己的理论，在和自己理论有冲突的情况下怎么会是一名基督徒呢？不过达尔文的妻子埃玛确实是一位虔诚的基督徒，这一点是可以肯定的。

关于达尔文的信仰问题，达尔文在生前并没有做出准确而肯定的回答，因为达尔文的一生都是谦和有礼的，如果他表明自己的立场，那么必然会引来非常多的谈论和抨击，这不是他愿意看到的局面，他只是希望可以安安静静地做好自己的研究。

而且在达尔文看来，虽然自己是无神论者，但无神论现在还不能够被大众所接受。所以达尔文从来没有在公开场合表达过自己的立场，但是在朋友之间，他很明确地表示自己并不赞同基督教的立场，世界上根本就没有上帝存在。

其实这些并不是一种推测，而是有实质的证据。达尔文在晚年的时候写下了自己的自传，这本自传他并没有打算出版，他只是希望能够记录自己的一生，然后留给子女，让他们得到一些精神上的遗产。所以在自传中他写下了很多他很想说的话。

因为不用考虑出版后会造成的影响，所以达尔文在这本自传中表达了自己内心最真实的想法。他用了一章专门阐述自己的信仰问题，他说他并不相信有上帝，并且对一切证明上帝存在的证据都感到怀疑，他说基督教是“一种可诅咒的教义”。他对自己形成这样的观点的过程做了一个详细的描述。其实这就足够证明达尔文对基督教没有任何好感，更何况是信仰基督教了。

这本自传原本达尔文并不打算出版，但是后来还是经过了达尔文的妻子埃玛的要求，对这本自传中的内容加以删改，最后才出版。但是这本自传的完整版本一直到 1959 年才得到出版，至于为什么这么晚才出版，是因为在达尔文生前出版的话会引来众多基督教徒的攻击，这样对一个想要安稳生活的人来说是一个巨大的挑战，所以这本自传的完整版本一直拖到了很多年后。

这本自传一出，很多人都明白了达尔文的立场，而之前的那些谣言自然不攻自破。

达尔文的一生都在做自己感兴趣的事情，这虽然是一个艰苦的过程，但是他却总能够乐在其中。年轻的时候虽然达尔文的兴趣曾经遭到父亲的反对，但是他通过自己的努力和对自己事业的坚持让父亲也放弃了强迫达尔文听从自己的意愿。

这其实是一个非常艰难的过程，因为那个时候达尔文没有任何的成就，甚至大家都觉得达尔文只是像小孩子一样贪玩，谁都不能够肯定这个整天调皮捣蛋的人会在这个领域得到如此巨大的成就。但是达尔文却是一个非常执着的人，这不仅表现在他参加环球旅行时候克服困难的坚韧，也表现在后来对很多问题的不懈探索上。

达尔文的成功除了他的坚持和努力之外，最可贵的是他的自信。在科学研究的这条道路上会有很多不同的声音，有赞同的，也会有反对的声音，有的时候可能就是因为那些嘈杂的声音导致事情最终的失败，但是达尔文却能够一直坚持自己的观点，坚持自己的看法，并且把很多别人认为是金科玉律的东西用事实的根据加以推翻，最终找到正确的答案。

不得不说，达尔文对自己的严格要求，以及谦逊有礼的为人之道让他在朋友之间、学界里得到了很多帮助，这些都是促成达尔文成功的因素。

对每一个人来说成功的机会都是平等的，这个世界很公平，但是如果你不能够坚持下来或者很好把握住机会，那么就永远不可能成为一个优秀的人。很多人在羡慕达尔文获得成就和荣誉的时候，却不记得他付出的那些艰辛和痛苦，世界上没有免费的午餐，没有苦就不会有后来的甜，想要收获就必须先付出！

名人励志传记丛书